O EVANGELHO DE TOMÉ

Dados Internacionais de Catalogação na Publicação (CIP)
(Câmara Brasileira do Livro, SP, Brasil)

O Evangelho de Tomé / traduzido e comentado por Jean-Yves Leloup.
12. ed. – Petrópolis, RJ : Vozes, 2012.
Título original: Évangile selon Thomas.
Tradução de Guilherme João de Freitas Teixeira.

8ª reimpressão, 2025.

ISBN 978-85-326-1926-6

1. Evangelho de Tomé   I. Leloup, Jean-Yves.

97-5464   CDD-229.8

Índices para catálogo sistemático:
1. Evangelho de Tomé : Apócrifos : Bíblia 229.8

**Traduzido e comentado
por Jean-Yves Leloup**

O EVANGELHO
DE TOMÉ

Tradução brasileira por
Guilherme João de Freitas Teixeira

Petrópolis

© Éditions Albin Michel S.A., 1986
22, rue Huyghens, 75014

Tradução do original em francês intitulado
L'Évangile de Thomas

Direitos de publicação em língua portuguesa no Brasil:
1997, Editora Vozes Ltda.
Rua Frei Luís, 100
25689-900 Petrópolis, RJ
www.vozes.com.br
Brasil

Todos os direitos reservados. Nenhuma parte desta obra poderá ser reproduzida ou transmitida por qualquer forma e/ou quaisquer meios (eletrônico ou mecânico, incluindo fotocópia e gravação) ou arquivada em qualquer sistema ou banco de dados sem permissão escrita da editora.

CONSELHO EDITORIAL	PRODUÇÃO EDITORIAL

Diretor
Volney J. Berkenbrock

Editores
Aline dos Santos Carneiro
Edrian Josué Pasini
Marilac Loraine Oleniki
Welder Lancieri Marchini

Conselheiros
Elói Dionísio Piva
Francisco Morás
Teobaldo Heidemann
Thiago Alexandre Hayakawa

Secretário executivo
Leonardo A.R.T. dos Santos

Anna Catharina Miranda
Eric Parrot
Jailson Scota
Marcelo Telles
Mirela de Oliveira
Natália França
Priscilla A.F. Alves
Rafael de Oliveira
Samuel Rezende
Verônica M. Guedes

Editoração e org. literária: Renato Kirchner
Diagramação: Sheilandre Desenv. Gráfico
Imagem de capa: Giovanni F. Barbieri. *A incredulidade de São Tomé* (Óleo sobre tela, Museu do Vaticano)

ISBN 978-85-326-1926-6 (Brasil)
ISBN 2-226-02716-5 (França)

Este livro foi composto e impresso pela Editora Vozes Ltda.

Sumário

Introdução, 7

Tradução, 13

Comentários, 43

Referências, 215

Introdução

A descoberta

Decorria o ano de 1945, nos arredores de Nag-Hammadi, no Alto Egito, no local do antigo cenóbio de São Pacômio – um campo como qualquer outro. Dir-se-ia que estava à espera de seu lavrador – um camponês como qualquer outro. Foi ele quem, ao acaso dos movimentos da charrua, descobriu o tesouro.

Um tesouro de palavras, envolvido pelos séculos, envelhecido por uma terra ocre: uma biblioteca gnóstica conservada em ânforas destinadas a fermentar o vinho doce; cinquenta e três pergaminhos escritos na língua copta saídica, bastante próxima dos antigos hieróglifos egípcios (copta vem do árabe *qibt*, contração do grego *Aígyptos*: Egito).

Entre esses cinquenta e três manuscritos, um Evangelho (Codex II), uma "boa-nova" que não anuncia nada, não prediz nada, mas revela ao homem o que este traz em si desde sempre: Um espaço infinito, o mesmo no interior e no exterior. Bastaria que o cântaro humano se abrisse...

Este "Evangelho de Tomé" não contém uma história de Jesus e não existe uma única narração de milagres. Trata-se de uma coleção de 114 *logia* ou "palavras originais" atribuídas ao Mestre, o Manso, o Vivente. Estas palavras teriam sido recolhidas por Dídimo Judas Tomé, seu gêmeo? Seu *alter ego*? (*Dídymos*: gêmeo, em grego.) Além de não apresentarem qualquer redundância, elas constituem outros tantos enigmas, à maneira dos koans japoneses, essas pequenas frases que segundo as aparências – carecem de sentido; no entanto, se as deixarmos penetrar, como grãos de areia, nas engrenagens de nossa vida mental habitual, podem até provocar uma parada... um silêncio... uma transformação da consciência.

A crítica

Este Evangelho foi recebido de maneiras diferentes pela crítica. Para alguns, trata-se de um apócrifo entre outros e, nesse caso, terá algum interesse no plano do estudo da gnose. Para outros, trata-se de uma amálgama de palavras de Jesus extraídas ora dos evangelhos canônicos, ora de tradições heterodoxas que as atribuíam a Jesus. Enfim, para outros ainda, trata-se da própria fonte que alimentou os evangelistas, o "protoevangelho" sonhado por todo o mundo e que seria o único a nos transmitir as "palavras autênticas" de Jesus (cf. bibliografia, p. 217).

Mas, seja como for, Jesus nada escreveu. Portanto, nunca haverá "palavras autênticas de Jesus". Qualquer que seja a palavra que nos venha a ser transmitida, tratar-se-á sempre de uma "palavra ouvida", isto é, conservará a marca, seja ela grosseira ou sutil, daquele que escuta. Marcos, Mateus, Lucas, João, Tomé e ainda muitos outros, são outras tantas maneiras de escutar a Palavra Única, de compreendê-la, traduzi-la em sua língua, em sua cultura, consoante a intimidade com Aquele que fala, conforme a abertura e a evolução de seu campo de consciência. Nenhuma dessas formas de escutar poderá pretender "conter a palavra": "É a verdade, mas não toda a verdade".

O ouvido de Tomé é, com toda a certeza, "menos judeu" do que o de Mateus, menos atento às narrações dos milagres do que o de Marcos, menos preocupado em ouvir a Misericórdia de Deus anunciada "até mesmo aos pagãos" do que o de Lucas. Interessa-se, sobretudo, pelo ensino transmitido por Jesus; cada uma das informações recebidas dele é considerada como um germe do homem novo, gênese do homem de conhecimento. É assim que Tomé ou os autores que se colocam sob a proteção do apóstolo, "infinitamente cético e infinitamente crente", fazem de Jesus um deles, isto é, um "gnóstico".

Jesus teria sido um gnóstico?

Quando Jesus pergunta aos discípulos: "Para vós, quem sou eu?", Tomé recusa-se a responder. "A minha boca não é capaz de dizer com quem te pareces." Ele procede bem. O próprio Jesus permanece calado, quando Pilatos lhe faz a pergunta: "O que é a verdade?" Assim, antes de dizer que Jesus "é isto ou aquilo", sem dúvida, é necessário ficar em silêncio durante muito tempo, exatamente à maneira dos gnósticos que não são teólogos preocupados em dar nomes ao inominável, mas que praticam "a douta ignorância".

"Jesus É o que Ele É." Ninguém nunca chegou a "vê-lo totalmente". Ele limitava-se a afirmar, com força e amor, um puro e simples "Eu sou"; no entanto, essa afirmação não deixa de despertar um misterioso eco em cada um de nós.

Mas, o que se passa com seu ensinamento? É a esse propósito que já tem sido dito que o Evangelho de Tomé é um "evangelho gnóstico", indicando com toda a precisão que se trata de uma gnose "não dualista", que não deve ser confundida com certas formas de gnosticismo dualista ou maniqueísta. Com efeito, neste Evangelho, Jesus aparece como um Ser que procura nos despertar para seu próprio estado de consciência. É, aliás, o que ele afirma no Evangelho de João: "Onde eu estou, quero que vós estejais também... o Espírito que o Pai me deu, eu vo-lo dei também... eu em vós, vós em mim" etc.

À maneira dos mestres orientais, por meio de fórmulas paradoxais, Jesus nos convida a tomar consciência de nossa origem incriada, de nossa liberdade sem limites no próprio âmago das contingências mais restritivas. Trata-se de despertar para a Realidade absoluta no próprio cerne das realidades relativas ou decepcionantes.

A gnose é a dupla lucidez em relação à condição humana, dupla consciência que contempla, em um olhar único, o absurdo e a graça. A realidade relativa é que somos pó e que voltaremos ao pó. "Tudo o que é composto será, um dia, decomposto", mas existe também uma outra realidade: "Nós somos luz e voltaremos à luz". Em nós, existe um sol sem poente, um estado de vigília e de paz ao qual não cessa de aspirar nosso infinito desejo. A realidade relativa é que somos "macho e fêmea". A realidade plena é que somos os dois.

Os gnósticos afirmavam a possibilidade de uma integração de nossas polaridades masculinas e femininas em um homem total que ama, não a partir de suas carências, mas a partir de sua plenitude. Nossos amores não são apenas "sedes", mas podem tornar-se também fontes transbordantes.

Trata-se de passar, incessantemente, de uma consciência limitada para uma consciência ilimitada. "Sede passantes", diz-nos o Evangelho de Tomé. Existe um conhecimento relativo, o que é adquirido nos livros, nos encontros, no pensamento dos outros. Existe, também, um conhecimento por "si mesmo", pelo "Vivente que está em nós". E a esse conhecimento (a gnose) que, segundo parece, nos convida Jesus para que nos tornemos como Ele, não "bons cristãos", mas outros cristos, ou ainda gnósticos, vigilantes. A gnose não é uma inchação da mente, uma inflação do ego, mas a eliminação deste. Transparência "Àquele que É", simplicidade, inocência: tais são as características do gnóstico, da "criança com menos de 7 dias" e do "incondicionado".

O Jesus de Tomé será diferente do Jesus dos outros evangelistas? Sem qualquer dúvida! Mas a diferença reside, talvez, menos na própria pessoa do Cristo, sempre inacessível, do que na maneira de apresentar seu ensinamento. Trata-se de uma diferença mais de escuta do que de palavra. Nesse caso, é possível ler com um espírito católico ou ortodoxo o Evangelho de Tomé como se lê Lucas, Marcos, Mateus ou João, e já não é necessário assumir uma atitude dualista e, portanto, polêmica, que colocaria o Evangelho de Tomé em oposição aos evangelhos canônicos, considerando-o superior aos outros, o "único autêntico" – o que não passa, afinal de contas, de uma reação à atitude, igualmente dualista, dos que o consideram como um tecido de heresias (observe-se que, durante anos, os exegetas negligenciaram a leitura do Evangelho de João por ser considerado grego demais ou gnóstico demais. Atualmente, alguns afirmam exatamente o contrário).

Não é verdade que os evangelhos devem ser lidos "juntos", como outros tantos pontos de vista sobre o Cristo "no interior de vós e no exterior de vós", em todas as suas dimensões, simultaneamente, históricas e meta-históricas? Não será que Nag--Hammadi e o Evangelho de Tomé nos fazem descobrir, atualmente, uma nova face de um Eterno Diamante? "Aquele que é o mesmo, ontem, hoje, amanhã"? Para além do entusiasmo ingênuo e da desconfiança sectária, não convirá conservar "o ouvido do meio" e escutar o que o Espírito diz não só às Igrejas, aos iniciados, mas a todos os homens?

A tradução

Para a nossa tradução, utilizamos como referência o texto copta fixado por Yves Haas, a retroversão grega de R. Kasser, assim como os papiros de Oxyrhynchus. Os trabalhos de Puech e do professor Ménard – atual responsável pela edição dos textos de Nag-Hammadi, com quem trabalhamos, há alguns anos, na Universidade das Ciências Humanas de Estrasburgo sobre um outro texto gnóstico importante, o *Evangelium Veritatis* – foram particularmente úteis, mas não temos, de modo algum, a pretensão de apresentar, aqui, uma "versão definitiva" do Evangelho de Tomé. Trata-se de uma interpretação entre outras que pretende ser fiel tanto ao espírito quanto à letra dessas "palavras".

"Seria necessário ser profeta para compreender os profetas", dizia São Gregório Magno. Poeta para compreender os poetas... E para compreender Jesus, seria necessário ser o quê?

Os comentários

Sem negar a necessária competência, mas abstendo-se das querelas do erudito e do esotérico, será possível ler, atualmente, o Evangelho de Tomé? Sem sobrecarregá-lo demais com as glosas da crítica textual ou do delírio subjetivo, será possível deixá-lo falar, inspirar-se nele... a fim de que esses *logia* cheguem a abrir caminho no espírito, no coração e no corpo do homem, conduzindo-o de metamorfose em metamorfose para a plena realização de seu ser?

Já não se trata, então, de "comentar" as palavras de Jesus, mas "meditá-las" na terra lavrada de nosso silêncio. Acreditamos que é nessa disposição de espírito mais do que na agitação mental que essas palavras poderão dar seu fruto de luz...

Tradução

Eis as palavras do que é Oculto –
reveladas por Jesus, o Vivente –
e transcritas por Dídimo Judas Tomé.

1. Ele disse:
    Aquele que vier a ser o hermeneuta destas palavras
    não provará a morte.

2. Disse Jesus:
    Aquele que procura,
    continue sempre em busca
    até que tenha encontrado;
    e quando tiver encontrado,
    sentir-se-á perturbado;
    sentindo-se perturbado, ficará maravilhado,
    e reinará sobre tudo.

3. Disse Jesus:
    Se vossos guias vos afirmarem:
    eis que o Reino está no Céu,
    então, as aves estarão mais perto do Céu do que vós;
    se vos disserem:
    eis que ele está no mar,
    então, os peixes já o conhecem...
    Pelo contrário, o Reino está dentro de vós
    e, também, fora de vós.
    Quando vos conhecerdes a vós mesmos, então sereis co-
    nhecidos e sabereis que sois os filhos do Pai, o Vivente;
    mas se não vos conhecerdes,
    então estareis na ilusão,
    e sereis ilusão.

4. Disse Jesus:
   O velho não hesitará em interrogar a criança de sete dias a respeito do Lugar da Vida e viverá.
   Muitos dos primeiros serão os últimos e se tornarão Um.

5. Disse Jesus:
   Reconhece aquilo que está à tua frente
   e o que te é oculto, te será revelado.
   Com efeito, não há nada encoberto que não será manifestado.

6. Os discípulos o interrogaram assim:
   Devemos jejuar? Como devemos rezar? Como devemos dar esmola?
   O que deve ser observado em relação aos alimentos?
   Disse Jesus:
   Não faleis mentira,
   não façais o que detestais;
   vós estais nus diante do céu,
   o que ocultais, o que está encoberto,
   tudo será descoberto.

7. Disse Jesus:
   Feliz o leão que será comido pelo homem;
   porque o leão tornar-se-á homem.
   Infeliz o homem que será devorado pelo leão,
   porque esse homem tornar-se-á leão.

8. Disse Jesus:
   O homem é semelhante a um pescador advertido
   que lançou a rede ao mar.
   Ao retirá-la, veio junto uma quantidade de peixinhos.
   No meio deles, o pescador encontrou um peixe grande e bom;
   sem qualquer hesitação, escolheu esse peixe e lançou ao mar os outros.
   Quem tem ouvidos para ouvir, ouça!

9. Disse Jesus:
   Eis que o semeador saiu a semear.
   Encheu a mão e lançou as sementes.
   Algumas caíram no caminho
   e tornaram-se alimento para os pardais.
   Outras caíram entre os espinhos
   que sufocaram a semente e o verme a devorou.
   Outras caíram em terreno pedregoso;
   aí, não puderam lançar raízes na terra.
   Outras caíram em terra excelente
   e produziram bom fruto em direção ao Céu.
   Produziram sessenta e cento e vinte por medida.

10. Disse Jesus:
    Vim pôr fogo ao mundo
    e eis que hei de preservá-lo,
    até que arda.

11. Disse Jesus:
    Este céu passará
    e passará também o que está acima dele.
    Os mortos não têm vida,
    e os vivos não morrerão.
    Nos dias em que comíeis o que estava morto,
    vós o tornáveis vivo.
    Quando estiverdes na luz, que haveis de fazer?
    No tempo em que éreis Um, vos tornastes dois;
    mas, desde que vos tornastes dois, que haveis de fazer?

12. Os discípulos disseram a Jesus:
    Sabemos que nos deixarás;
    quem dentre nós será o maior?
    Respondeu-lhes Jesus:
    No lugar em que estiverdes, seguireis a Tiago, o Justo:
    ele é que está a par das coisas do céu e da terra.

13. Disse Jesus aos discípulos:
    Com quem me comparais?
    Dizei-me com quem me pareço?
    Disse-lhe Simão Pedro: Tu és semelhante a um anjo justo.
    Disse-lhe Mateus: Tu és semelhante a um sábio filósofo.
    Disse-lhe Tomé: Mestre, minha boca não é capaz de dizer com quem te pareces.
    Disse-lhe Jesus:
    Já não sou teu Mestre uma vez que bebeste e te inebriaste na fonte borbulhante donde eu próprio jorrei...
    Então, levou Tomé à parte, afastou-se com ele e disse-lhe três palavras...
    Quando Tomé voltou para junto de seus companheiros, estes perguntaram-lhe:
    O que foi que Jesus te disse?
    Tomé respondeu: Se vos dissesse uma só das palavras que Ele me disse, apanharíeis pedras para lançá-las contra mim! Dessas pedras sairia fogo e seríeis consumidos...

14. Se jejuardes, cometereis pecado.
    Se rezardes, sereis condenados.
    Se derdes esmola, corrompereis vosso espírito.
    Quando entrardes em um país e percorrerdes seu território,
    no lugar em que vos acolherem,
    comei o que colocarem à vossa frente.
    Podeis curar
    os que estiverem doentes.
    O que entra em vossa boca
    não poderá vos contaminar.
    Mas o que sai de vossa boca
    é que poderá vos contaminar.

15. Disse Jesus:
    Quando virdes
    aquele que não foi gerado por uma mulher,

prostrai-vos diante dele e adorai-o.
Ele é vosso Pai!

16. Disse Jesus:
Talvez os homens pensem que vim trazer a paz ao mundo.
Não sabem que vim trazer discórdia à terra: fogo,
espada, guerra.
Haverá cinco em uma casa: três estarão contra dois e
dois contra três,
o pai contra o filho, o filho contra o pai.
Hão de permanecer solitários e simples.

17. Disse Jesus:
Eu vos darei o que nenhum olho viu,
o que nenhum ouvido ouviu,
o que a mão nunca tocou
e o que jamais penetrou no coração do homem.

18. Os discípulos perguntaram a Jesus:
Diz-nos qual será o nosso fim?
Jesus respondeu:
O que conheceis em relação ao princípio para que
estejais à procura do fim?
Com efeito, onde se encontra o princípio, aí estará
também o fim.
Feliz aquele que permanecer no princípio;
há de conhecer o fim e não provará a morte.

19. Disse Jesus:
Feliz aquele que É antes de existir...
Se vos tornardes meus discípulos e se escutardes as
minhas palavras,
essas pedras vos servirão.
Com efeito, no paraíso, existem cinco árvores
que não se modificam no verão nem no inverno.
Suas folhas não caem.
Quem as conhecer não provará a morte.

20. Os discípulos perguntaram a Jesus:
Dize-nos a que se assemelha o Reino dos Céus?
Ele lhes respondeu:
Ele é semelhante a um grão de mostarda,
a menor de todas as sementes;
quando cai em terreno lavrado,
torna-se um grande arbusto
que serve de abrigo às aves do céu.

21. Maria perguntou a Jesus:
A quem se assemelham teus discípulos?
Ele respondeu:
Eles são semelhantes a meninos
que penetraram em um campo que não lhes pertence.
Quando chegarem os proprietários do campo, dirão:
deixem-nos o nosso campo.
Então, os meninos hão de tirar as roupas,
hão de reconhecer que estão nus diante deles,
abandonarão o campo e o devolverão aos proprietários.
Por isso, eu vos digo:
Se o dono da casa souber quando virá o ladrão,
ficará vigilante antes que este chegue.
Não permitirá que penetre na casa de seu reino e leve
seus bens.
Quanto a vós, deveis estar vigilantes diante do mundo.
Cingi vossos rins com grande energia;
caso contrário, os ladrões hão de encontrar o caminho
para chegar a vós.
Hão de encontrar o fruto que esperais.
Oxalá exista entre vós um homem sensato...
Quando o fruto estiver maduro, ele virá logo –
com a foice na mão –
e apanhá-lo-á.
Quem tem ouvidos para ouvir, ouça!

22. Jesus viu algumas crianças que estavam se
amamentando ao seio.

Disse aos discípulos:
Essas crianças que estão se amamentando são semelhantes
aos que entram no Reino.
Eles lhe perguntaram:
Então, se nos tornarmos crianças, entraremos no Reino?
Jesus respondeu-lhes:
Quando de dois fizerdes Um
e quando fizerdes o interior como o exterior,
o exterior como o interior,
e o alto como o baixo,
quando tornardes o masculino e o feminino um Único ser,
a fim de que o masculino não seja um macho
nem o feminino uma fêmea;
quando tiverdes olhos em vossos olhos,
a mão em vossa mão,
e um pé em vosso pé,
um ícone em vosso ícone,
então, entrareis no Reino!

23. Disse Jesus:
Eu vos escolherei um dentre mil
e dois dentre dez mil,
e eles erguer-se-ão como se fossem um só, simples.

24. Disseram os discípulos:
Indica-nos o lugar onde estás;
com efeito, devemos ir à sua procura.
Ele lhes respondeu:
Quem tem ouvidos, ouça!
Há luz no íntimo de um homem de luz
e ele ilumina o mundo inteiro.
Se não iluminar,
tudo estará nas trevas!

25. Disse Jesus:
Ama teu irmão como a tua alma,
e cuida dele como a pupila de teu olho!

26. Disse Jesus:
    Vês o cisco no olho de teu irmão.
    Mas não vês a trave no teu próprio olho.
    Quando tirares a trave do teu olho,
    então, enxergarás melhor para tirar o cisco do olho de teu irmão.

27. Disse Jesus:
    Se não jejuardes em relação ao mundo,
    não encontrareis o Reino.
    Se não celebrardes o *Shabbat* como um *Shabbat*,
    não vereis o Pai.

28. Disse Jesus:
    Permaneci no meio do mundo
    e me revelei a eles na carne.
    Encontrei-os todos embriagados.
    Entre eles, ninguém tinha sede,
    e minha alma ficou consternada com os filhos dos homens
    porque seus corações estão cegos.
    Eles não veem.
    Vieram ao mundo nus
    e nus hão de sair do mundo.
    Neste momento, estão embriagados.
    Quando tiverem vomitado o vinho,
    hão de voltar a si.

29. Disse Jesus:
    Se a carne foi feita por causa do espírito,
    eis o que é maravilhoso,
    mas se o espírito foi feito por causa do corpo,
    eis o que é a maravilha das maravilhas.
    Quanto a mim, fico maravilhado pelo seguinte:
    Como esse Ser que É
    pode habitar nesse nada?

30. Disse Jesus:
    Onde existem três deuses,
    esses são deuses.
    Onde estão dois ou um,
    eu estou com ele.

31. Disse Jesus:
    Ninguém é profeta para seus vizinhos.
    Ninguém é médico em sua casa.

32. Uma cidade fortificada,
    construída sobre uma alta montanha,
    nada poderá destruí-la.
    Nada poderá ocultá-la.

33. Disse Jesus:
    Aquilo que ouvires com um ouvido,
    comunica-o a outro ouvido,
    proclama-o sobre os tetos.
    Ninguém acende uma lâmpada
    para colocá-la debaixo do alqueire
    ou em um lugar oculto,
    mas há de colocá-la sobre o candelabro
    a fim de que, tanto no interior como no exterior,
    sua luz possa ser vista.

34. Disse Jesus:
    Se um cego conduzir outro cego,
    ambos vão cair.

35. Disse Jesus:
    Ninguém poderá entrar na casa do homem forte,
    a não ser que lhe amarre as mãos.
    Somente depois será possível saquear tudo.

36. Disse Jesus:
    Não vos preocupeis, da manhã até a noite,
    nem da noite até a manhã,
    com o que vestireis.

37. Os discípulos perguntaram:
Em que dia será tua manifestação?
Em que dia teremos nossa visão?
Respondeu Jesus:
No dia em que estiverdes nus
como crianças recém-nascidas
que andam por cima de suas roupas,
então, vereis o Filho do Vivente.
E deixareis de ter medo.

38. Disse Jesus:
Muitas vezes, desejastes ouvir
as palavras que vos digo agora.
Ninguém mais poderá dizê-las
e virão dias
em que me procurareis
e não me encontrareis.

39. Disse Jesus:
Os fariseus e os escribas
receberam as chaves do conhecimento
e as esconderam.
Além de não entrarem,
impedem a entrada
daqueles que desejam entrar.
Quanto a vós, permanecei atentos como a serpente
e simples como a pomba.

40. Disse Jesus:
A videira que for plantada fora do Pai
não será vivificada.
Será arrancada pela raiz e
morrerá.

41. Disse Jesus:
Àquele que tem alguma coisa na mão,
será dado.
E àquele que não tem,

mesmo o pouco que tem,
lhe será tirado.

42. Disse Jesus:
Sede passantes.

43. Os discípulos perguntaram-lhe:
Quem és tu? Tu que nos dizes estas coisas?
Pelas coisas que vos digo,
não conheceis quem eu sou?
Com efeito, tornastes-vos como os judeus:
eles gostam da árvore,
mas detestam o fruto.
E gostam do fruto,
mas detestam a árvore.

44. Disse Jesus:
Aquele que blasfemar contra o Pai,
será perdoado,
e aquele que blasfemar contra o Filho,
também será perdoado.
Mas aquele que blasfemar contra o Espírito Santo,
não será perdoado,
seja na terra ou no céu.

45. Disse Jesus:
Não se colhem uvas dos espinheiros.
Nem se colhem figos dos cardos,
estes não dão frutos.
No íntimo de seu coração, o homem bom
produz a bondade.
No íntimo de seu coração, o homem perverso
produz a perversidade.
O que se manifesta
é o que transborda do coração.

46. Disse Jesus:
   Desde Adão até João Batista,
   entre os nascidos de mulher,
   nenhum foi maior do que João Batista.
   De modo que seus olhos não serão destruídos.
   Eu, porém, disse:
   Aquele dentre vós que se tornar pequeno
   conhecerá o Reino e será maior do que João.

47. Disse Jesus:
   Não é possível
   que um homem possa montar em dois cavalos,
   ou retesar dois arcos.
   Não é possível que um servo
   sirva a dois senhores;
   nesse caso, honrará um e desprezará o outro.
   Nenhum homem bebe vinho velho
   e deseja, logo, beber vinho novo.
   Não se deita vinho novo
   em odres velhos
   para não acontecer que estes arrebentem,
   nem se deita vinho velho
   em odres novos
   para que estes não o estraguem.
   Não se costura um remendo velho
   em vestido novo.
   Isso provocaria um rasgão.

48. Disse Jesus:
   Se duas pessoas fazem a paz
   na mesma casa,
   dirão a uma montanha: "afasta-te"
   e ela afastar-se-á.

49. Disse Jesus:
   Felizes sois vós, os unificados e os eleitos,

porque encontrareis o Reino:
de fato, dele viestes
e para ele voltareis.

50. Disse Jesus:
Se vos perguntarem: Donde sois?
Respondei:
Nós nascemos da Luz,
do lugar onde a Luz se faz a si mesma,
ela se mantém ereta
e se manifesta em sua própria imagem.
Se vos perguntarem: Quem sois?
Respondei:
Nós somos seus filhos
e os bem-amados do Pai, o Vivente.
Se vos perguntarem:
Qual é o sinal de vosso Pai que está em vós?
Dizei:
É o movimento e o repouso.

51. Os discípulos perguntaram-lhe:
Em que dia chegará o repouso dos que estão mortos?
E em que dia virá o mundo novo?
Ele lhes respondeu:
Aquilo que esperais, já veio,
mas vós não o conheceis.

52. Disseram-lhe os discípulos:
Em Israel, falaram vinte e quatro profetas
e todos falaram de ti.
Ele lhes disse:
Vós rejeitastes Aquele que está Vivo
diante de vós,
e falais daqueles que morreram.

53. Perguntaram-lhe os discípulos:
A circuncisão é útil ou não?
Ele lhes respondeu:

Se fosse útil,
o pai geraria os filhos já circuncidados desde o seio materno;
mas a verdadeira circuncisão no espírito é, sem dúvida alguma, útil.

54. Felizes vós, os pobres,
porque vosso é o Reino dos Céus.

55. Disse Jesus:
Aquele que não se desapegar do pai e da mãe
não poderá tornar-se meu discípulo.
Aquele que não se desapegar dos irmãos e das irmãs,
e não carregar a sua cruz, como eu o faço,
não será digno de mim.

56. Disse Jesus:
Quem conhece o mundo,
descobre um cadáver.
Mas o mundo não é digno
daquele que descobre um cadáver.

57. Disse Jesus:
O Reino do Pai é semelhante a um homem
que semeou boa semente.
De noite, veio seu inimigo e semeou joio
no meio da semente boa.
O homem não permitiu que os servos arrancassem o joio
para não acontecer que, disse ele, vós arranqueis o trigo
com o joio.
Com efeito, no dia da ceifa, o joio há de aparecer.
Então, será arrancado e queimado.

58. Disse Jesus:
Feliz o homem que passou por provações.
Ele encontrou a vida.

59. Disse Jesus:
Enquanto estais vivos,

olhai para Aquele que é Vivente.
Depois de mortos, mesmo que procureis vê-lo,
já não conseguireis essa visão.

60. Viram um samaritano carregando um cordeiro.
Como entrava na Judeia,
Jesus perguntou aos discípulos:
O que este homem pretende fazer com o cordeiro?
Eles lhe responderam:
Vai matá-lo e comê-lo.
Ele lhes disse:
Enquanto estiver vivo, ele não o comerá,
mas somente depois de matá-lo e transformá-lo em cadáver.
E acrescentou:
Procurai um lugar de repouso.
Não vos torneis cadáveres,
se não desejais ser comidos.

61. Disse Jesus:
Dois hão de repousar no mesmo leito,
um morrerá e o outro viverá.
Salomé perguntou-lhe:
Quem és tu, ó homem?
donde vens? quem te gerou?
para subires em meu leito e comeres à minha mesa?
Jesus lhe respondeu:
Eu sou aquele que é oriundo daquele que É o Aberto.
A mim foi dado aquilo que é de meu Pai.
Disse Salomé: Eu sou tua discípula.
Jesus lhe disse:
Por isso eu afirmo, quando o discípulo está aberto,
fica repleto de luz.
Mas quando está dividido,
está mergulhado nas trevas.

62. Eu revelo meus mistérios
àqueles que se tornam dignos deles.
Que a tua mão esquerda não saiba
o que faz a tua mão direita.

63. Disse Jesus:
Havia um homem rico que tinha muito dinheiro.
E disse: Empregarei meu dinheiro para semear,
colher, plantar e encher de frutos meus celeiros,
de modo que eu não tenha falta de coisa alguma.
Eis o que ele pensava em seu coração.
Nessa mesma noite, morreu.
Quem tem ouvidos, ouça!

64. Um homem tinha feito diversos convites.
Tendo preparado o banquete, mandou o servo chamar os convidados.
Este chegou junto do primeiro e disse-lhe: Meu senhor te convida.
Ele respondeu: Tenho uns negócios a tratar com comerciantes que, esta noite, vêm à minha casa. Devo dar-lhes minhas instruções.
Peço desculpas por faltar ao banquete...
Dirigiu-se a outro e disse-lhe: Meu senhor te convida.
Ele respondeu: Acabei de comprar uma casa e estou ocupado com esse negócio o dia inteiro.
Não estou disponível.
Procurou um outro e disse-lhe: Meu senhor te convida.
Ele respondeu: Um amigo meu vai casar-se e estou encarregado de preparar o banquete de núpcias. Não poderei ir. Peço desculpas.
Dirigiu-se a um outro e disse-lhe: Meu senhor te convida.
Ele respondeu: Comprei uma fazenda. Estou ocupado em receber meus rendimentos. Não poderei ir. Peço desculpas.
O servo voltou e disse ao senhor:

Aqueles que convidaste para o banquete apresentaram desculpas para não aceitarem o convite.
Então, o senhor disse ao servo:
Vai pelas estradas e traze todas as pessoas que encontrares para que venham ao banquete.
Os compradores e os comerciantes não entrarão na morada de meu Pai.

65. Disse Jesus:
Um homem de bem possuía uma vinha.
Arrendou-a a alguns trabalhadores para que a cultivassem e, no tempo da vindima, lhe dessem as uvas.
Mandou seu servo para que recebesse dos agricultores o fruto da vinha.
Estes agarraram o servo e o espancaram:
pouco faltou para que o matassem.
O servo foi contar ao senhor o que tinha acontecido.
Este pensou: Eles, talvez, não o tenham reconhecido.
E mandou outro servo.
Os agricultores voltaram a espancá-lo.
Então, o senhor mandou o próprio Filho,
dizendo: Ao menos, hão de respeitá-lo.
Ao saberem que se tratava do herdeiro da vinha, os agricultores
agarraram-no e o mataram.
Quem tem ouvidos, ouça!

66. Disse Jesus:
Mostrai-me a pedra rejeitada pelos construtores.
Essa é a pedra angular.

67. Disse Jesus:
Aquele que conhece tudo,
mas não se conhece,
está privado de tudo.

68. Disse Jesus:
    Felizes sereis vós quando vos odiarem
    e vos perseguirem;
    ninguém conseguirá encontrar o lugar
    em que não sereis perseguidos.

69. Disse Jesus:
    Felizes aqueles que foram perseguidos, inclusive em
    seus corações;
    esses são os que conheceram de verdade o Pai.
    Felizes os que têm fome,
    porque serão saciados.

70. Disse Jesus:
    Quando "isso" for gerado em vós,
    "isso" vos salvará.
    Se não tiverdes "isso",
    a ausência "disso" vos matará.

71. Disse Jesus:
    Destruirei esta casa
    e ninguém poderá reconstruí-la.

72. Disse-lhe um homem:
    Fala com meus irmãos
    para que compartilhem comigo os bens de meu pai.
    Jesus lhe respondeu:
    Quem me encarregou de fazer partilhas?
    E, voltando-se para os discípulos,
    perguntou-lhes:
    Quem sou eu para fazer partilhas?

73. Disse Jesus:
    A messe é abundante,
    mas os operários são poucos.
    Rogai ao Senhor que mande
    operários para a ceifa.

74. O Senhor disse:
Muitos permanecem em volta do poço,
mas ninguém está disposto a descer nele.

75. Disse Jesus:
Muitos permanecem diante da porta,
mas somente os solitários
e os simples
é que entrarão na câmara nupcial.

76. O Reino do Pai
é semelhante a um comerciante
que possuía um carregamento de mercadorias.
Encontrou uma pérola.
Como era sábio,
o comerciante vendeu as mercadorias
e comprou a pérola.
Também vós, procurai
o tesouro não perecível.
Aquele que é duradouro,
que se encontra no lugar onde a traça não consegue chegar,
nem o verme pode destruí-lo.

77. Disse Jesus:
Eu sou a Luz
que ilumina todos os homens.
Eu sou o Todo.
O Todo saiu de mim
e o Todo voltou a mim.
Ao rachardes lenha, eu estou aí.
Ao levantardes uma pedra,
aí me encontrareis.

78. Disse Jesus:
Por que andais a esmo pelo campo?
Para verdes um caniço agitado pelo vento?
Ou um homem vestido de roupas finas,
como vossos reis e vossos grandes personagens?

Esses é que vestem roupas finas,
mas não poderão conhecer a verdade.

79. Do meio da multidão, uma mulher lhe disse:
Feliz o ventre que te trouxe
e felizes os seios que te amamentaram!
Ele respondeu:
Antes, felizes aqueles que ouvem
a Palavra do Pai
e a observam de verdade,
porque virão dias
em que direis:
Feliz o ventre que não concebeu
e felizes os seios que não amamentaram.

80. Disse Jesus:
Quem conhece o mundo,
descobre o corpo.
Mas o mundo não é digno
daquele que descobre o corpo.

81. Quem se tornou rico,
tenha a possibilidade de se tornar rei.
E quem tem poder,
saiba renunciar!

82. Disse Jesus:
Quem está perto de mim,
está perto do fogo!
Quem está longe de mim,
está longe do Reino.

83. Disse Jesus:
As imagens tornam-se manifestas ao homem,
enquanto a luz que se encontra nelas está oculta.
Ela manifestar-se-á
no ícone da luz do Pai,
e o ícone será encoberto pela luz.

84. Disse Jesus:
Ficareis alegres
no dia em que virdes
a quem sois semelhantes.
Mas, quando virdes vossos ícones,
os que existiam antes de vós,
que não morrem nem são manifestos,
como será impressionante!

85. Disse Jesus:
Adão nasceu com grande poder
e grande riqueza,
mas não foi digno de vós.
Se tivesse sido digno de vós,
não teria provado a morte.

86. Disse Jesus:
As raposas têm suas tocas
e as aves têm seus ninhos.
Mas o Filho do Homem não tem
onde reclinar a cabeça e repousar.

87. Disse Jesus:
Miserável o corpo
que depende de outro corpo.
E miserável a alma
que depende desses dois.

88. Os anjos, assim como os profetas,
virão junto de vós
e vos darão o que vos pertence.
E vós, também, deveis dar-lhes o que tendes nas mãos
e perguntai a vós mesmos:
Quando virá o dia
em que receberão o que é deles?

89. Disse Jesus:
    Por que lavais a parte externa da taça?
    Não compreendeis que aquele
    que fez o exterior
    também fez o interior da taça?

90. Disse Jesus:
    Vinde a mim,
    pois meu jugo é leve,
    minha autoridade é suave
    e encontrareis repouso em vós.

91. Eles lhe disseram:
    Dize-nos quem és
    a fim de que possamos acreditar em ti.
    Ele lhes disse:
    examinais o aspecto
    do céu e da terra,
    e não reconhecestes
    aquele que está diante de vós,
    e nem sois capazes de apreciar
    o momento presente.

92. Disse Jesus:
    Procurai e encontrareis.
    Ora, as perguntas que,
    naqueles dias, me fizestes
    e às quais não dei resposta
    – hoje, comprazo-me em revelá-las;
    mas já não me interrogais.

93. Não deis o que é sagrado aos cachorros,
    para não acontecer que eles considerem isso como esterco.
    Nem atireis pérolas aos porcos,
    para que estes não as transformem em lixo.

94. Disse Jesus:
    Quem procura, encontrará
    – e a quem bate de dentro, abrir-se-lhe-á.

95. Disse Jesus:
    Se tendes dinheiro,
    não o empresteis a juros,
    mas dai-o àquele
    de quem nada recebereis em retorno.

96. Disse Jesus:
    O Reino do Pai pode ser comparado
    à massa na qual uma mulher misturou
    um pouco de fermento.
    A massa se transforma e torna-se pão bom.
    Quem tem ouvidos,
    ouça!

97. Disse Jesus:
    O Reino do Pai
    pode ser comparado
    a uma mulher que levava uma vasilha cheia de farinha.
    Enquanto caminhava por uma longa estrada,
    quebrou-se a orelha da vasilha
    e a farinha derramou-se, atrás da mulher, na estrada.
    Não sabendo de nada,
    ela não ficou preocupada.
    Tendo chegado em casa,
    colocou a vasilha no chão
    – só então, descobriu que estava vazia.

98. Disse Jesus:
    O Reino do Pai
    pode ser comparado
    a um homem que deseja matar um personagem
    importante.
    Antes, em casa, tira a espada da bainha
    e traspassa a parede para saber se sua mão é resistente.

Então, está em condições de matar o personagem importante.

99. Disseram-lhe os discípulos:
Teus irmãos e tua mãe estão lá fora.
Ele lhes respondeu:
Os que fazem a vontade de meu Pai,
esses é que são meus irmãos e minha mãe
– e esses é que entrarão
no Reino de Deus.

100. Mostraram a Jesus uma moeda de ouro
e disseram-lhe:
Os representantes de César exigem de nós o pagamento dos impostos.
Ele lhes respondeu:
Dai a César o que é de César.
Dai a Deus o que é de Deus
e dai a mim o que é meu!

101. Disse Jesus:
Quem não odiar o pai e a mãe,
como eu,
não poderá tornar-se meu discípulo.
E quem não amar o pai e a mãe,
como eu,
não poderá tornar-se meu discípulo;
porque minha mãe gerou-me para a morte,
quanto à minha verdadeira mãe,
deu-me a vida.

102. Disse Jesus:
Ai dos fariseus!
São como um cão
deitado na manjedoura dos bois.
Não come,
nem deixa que os bois comam.

103. Disse Jesus:
    Bem-aventurado o homem que sabe
    em que hora da noite virão os ladrões.
    Despertará,
    reunirá forças
    e preparar-se-á para a luta,
    antes que eles cheguem.

104. Disseram-lhe:
    Vem; hoje, queremos rezar e jejuar.
    Disse Jesus:
    Que pecado cometi?
    Ou em que aspecto fui vencido?
    Quando o esposo sair da câmara nupcial,
    então,
    será necessário jejuar e rezar.

105. Disse Jesus:
    Quem conhece o pai e a mãe
    será chamado filho de prostituta?

106. Disse Jesus:
    Se fizerdes de dois – UM –
    sereis Filhos do Homem.
    E se disserdes:
    Montanha, afasta-te,
    ela afastar-se-á.

107. O Reino é semelhante a um pastor
    que tinha cem ovelhas.
    Uma delas desgarrou-se.
    Era a melhor.
    Ele deixou as noventa e nove
    e se preocupou unicamente com essa
    até que conseguiu encontrá-la.
    Depois de tanta canseira, disse à ovelha:
    Eu te amo mais do que as outras noventa e nove.

108. Disse Jesus:
Quem beber da minha boca,
tornar-se-á como eu,
e eu serei ele,
e as coisas ocultas ser-lhe-ão reveladas.

109. Disse Jesus:
O Reino pode ser comparado
a um homem que,
sem o saber,
possuía em seu campo um tesouro escondido.
Ao morrer, deixou o campo ao filho.
Como este também não sabia de nada,
tomou posse do campo e o vendeu.
Ao lavrar o campo,
o comprador encontrou o tesouro.
Começou a emprestar dinheiro a juros
a quem o desejasse.

110. Disse Jesus:
Quem encontrou o mundo
e se tornou rico,
deve renunciar ao mundo.

111. Disse Jesus:
Os céus e a terra enrolar-se-ão diante de vós.
Aquele que vive do Vivente,
não conhecerá o medo nem a morte
porque foi dito:
O mundo não é digno
daquele que se conhece.

112. Disse Jesus:
Ai da carne
que depende da alma.
Ai da alma
que depende da carne.

113. Perguntaram-lhe os discípulos:
Quando virá
o Reino?
Jesus respondeu:
Não é pelo fato de alguém estar à sua espera que o verá chegar.
Nem será possível dizer: Está ali,
ou está aqui.
O Reino do Pai
está espalhado por toda a terra
e os homens não o veem.

114. Disse-lhe Simão Pedro:
Maria deve afastar-se do meio de nós
porque as mulheres
não são dignas da vida.
Respondeu Jesus:
Eis que hei de guiá-la
para que se torne homem.
Ela também virá a ser
um espírito vivo, semelhante a vós, homens.
Com efeito, toda mulher que se fizer homem
entrará no Reino de Deus.

COMENTÁRIOS

SIGLAS E ABREVIATURAS

LIVROS BÍBLICOS

Ab	Abdias	Jr	Jeremias
Ag	Ageu	Js	Josué
Am	Amós	Jt	Judite
Ap	Apocalipse	Jz	Juízes
At	Atos dos Apóstolos	Lc	Lucas
Br	Baruc	Lm	Lamentações
Cl	Colossenses	Lv	Levítico
1Cor	1ª Coríntios	Mc	Marcos
2Cor	2ª Coríntios	1Mc	1º Macabeus
1Cr	1º Crônicas	2Mc	2º Macabeus
2Cr	2º Crônicas	Ml	Malaquias
Ct	Cântico dos Cânticos	Mq	Miqueias
Dn	Daniel	Mt	Mateus
Dt	Deuteronômio	Na	Naum
Ecl	Eclesiastes	Ne	Neemias
Eclo	Eclesiástico	Nm	Números
Ef	Efésios	Os	Oseias
Esd	Esdras	1Pd	1ª Pedro
Est	Ester	2Pd	2ª Pedro
Ex	Êxodo	Pr	Provérbios
Ez	Ezequiel	Rm	Romanos
Fl	Filipenses	1Rs	1º Reis
Fm	Filêmon	2Rs	2º Reis
Gl	Gálatas	Rt	Rute
Gn	Gênesis	Sb	Sabedoria
Hab	Habacuc	Sf	Sofonias
Hb	Hebreus	Sl	Salmos
Is	Isaías	1Sm	1º Samuel
Jd	Judas	2Sm	2º Samuel
Jl	Joel	Tb	Tobias
Jn	Jonas	Tg	Tiago
Jó	Jó	1Tm	1ª Timóteo
Jo	João	2Tm	2ª Timóteo
1Jo	1ª João	1Ts	1ª Tessalonicenses
2Jo	2ª João	2Ts	2ª Tessalonicenses
3Jo	3ª João	Tt	Tito
		Zc	Zacarias

*Eis as palavras do que é Oculto
– reveladas por Jesus, o Vivente –
e transcritas por Dídimo Judas Tomé.*

(Cf. Jr 36,1; 37,4; Br 1,1; Lc 24,44; Ap 4,9; 10,6)

"Eis as palavras do que é Oculto".

Alguns preferem traduzir por "palavras apócrifas", palavras ocultas ou secretas. Ainda há mais. Jesus nos revela as Palavras do que é Oculto no homem e do que é Oculto em Deus – Deus no homem e o homem em Deus, o que é Oculto no Ser e no Amor. Nos evangelhos canônicos, Jesus já nos havia convidado a "rezar ao Pai que está no oculto" e a não exibirmos nossa justiça à maneira dos escribas e fariseus hipócritas. O Amor ou o Deus que habita no mais profundo do homem é um segredo e é a partir desse lugar oculto de nós mesmos que podemos pensar, falar e agir com verdadeira liberdade.

Jesus, o Vivente, o Vigilante, revela-nos por meio de suas palavras, sua vida e seus atos, o segredo que todos os homens podem alcançar e manifestar. Ele encarna a Vida e o Amor em plenitude; assim, merece o Nome de Vivente, de Revelador daquilo que pode ser alcançado pelo homem se este se deixar ser e viver na Presença de Deus.

Dídimo Judas Tomé, "o gêmeo" (*dídymos*, em grego), o amigo íntimo, recolheu essas palavras. Foi ele quem as escreveu, quer se trate do Apóstolo Tomé ou de outro autor que se coloca sob o patrocínio do apóstolo das Índias (segundo a tradição, Tomé teria morrido em Madras e seu túmulo continua sendo venerado aí); no entanto, o importante para nós é remontar a partir destas Escrituras até à Palavra. Ouvir a voz do Vivente em nós e suas Palavras Ocultas.

LOGION 1

Ele disse:
Aquele que vier a ser o hermeneuta destas palavras
não provará a morte.

(Cf. Jo 8,51-52; Mt 13,10-15; Jo 5,24)

A hermenêutica ou a arte de interpretar uma palavra é mais do que exegese na medida em que, muitas vezes, esta se limita a recolocar uma palavra no seu contexto, analisar sua estrutura, mas esquece de procurar o Sentido. É como avaliar a espessura da casca e esquecer de provar a amêndoa.

O hermeneuta está sedento de Sentido. Não se apega às cores do cântaro. Bebe diretamente da Fonte, contida nessas palavras. Tornar-se hermeneuta dos *logia* de Jesus é formar, nem que fosse por um instante, Um com o Sentido. Esse momento de unidade desperta em nós a Presença do Incriado, saboreamos algo que está para além do "que nos compõe e que será decomposto". Encontramo-nos para além da morte.

Há diferentes maneiras de interpretar um trecho de música. Por vezes, o intérprete pode trair o compositor por falta de inspiração ou porque utiliza um instrumento de má qualidade. Na arte da hermenêutica, é importante velar pelo espírito com o qual interpretamos a palavra... Será que está afinado, "em ressonância", com o Vivente que procura traduzir? Trata-se, igualmente, de ter um bom instrumento, um coração e uma inteligência afinados, capazes de perceberem todas as combinações de sons desse texto sutil.

O grande músico é aquele que – depois de ter treinado, durante muito tempo – esquece que está interpretando. Ele torna-se Um com a inspiração que animava o compositor; assim, a música é tocada através dele.

Jesus fez-se o hermeneuta do Amor e da Vida, não só em palavras, mas verdadeiramente em atos. Fez exegese com sua carne e seu sangue, com seu sorriso e suas lágrimas; além disso, aqueles que tinham olhos para ver, viram nele o Vivente.

LOGION 2

Disse Jesus:
Aquele que procura,
continue sempre em busca
até que tenha encontrado;
e quando tiver encontrado,
sentir-se-á perturbado;
sentindo-se perturbado, ficará maravilhado,
e reinará sobre tudo.

(Cf. Mt 7,7-8; Lc 11,9-10)

Este *logion* descreve as principais etapas da gnose e constitui um verdadeiro itinerário iniciático.

A primeira etapa é a busca (procurar); a segunda é a descoberta (encontrar); a terceira é o transtorno, a perturbação que produz essa descoberta; a quarta é a admiração, o encantamento; a quinta é o reino, a presença do Todo.

O manuscrito de Oxyrhynchus (654, n. 1), Clemente de Alexandria (*Stromata* II) e o Evangelho de Felipe indicam com precisão a etapa derradeira desse itinerário, em ligação com o reinado sobre tudo: o grande repouso (repousar-se).

Convém dizer algumas palavras sobre cada uma dessas etapas.

1. Procurar

Aquele que procura, continue sempre em busca: a verdade oculta-se para ser encontrada. Deus, como diz o profeta, é "um Deus oculto" que nos convida a arriscar tudo, a continuar em busca.

Um rabino idoso tentava dar essa explicação ao neto: "Quando você brinca de esconde-esconde com um amigo, imagine como será a decepção e sofrimento dele se, ao esconder-se, você desistir de ir procurá-lo!"

Deus oculta-se e nós desistimos de procurá-lo, colocamo-nos fora do jogo divino. No entanto, nossa vida só tem sentido no interior desse jogo, dessa busca.

Não será que toda a história de Israel é a história desse jogo de esconde-esconde de um povo com seu Deus?

O primeiro passo no caminho da iniciação é, portanto, reencontrar o desejo do jogo, o gosto pela busca, ou seja, tornar-se alguém que procura; e quanto tiver encontrado, permanecer sempre em busca a fim de descobrir, incessantemente, novas profundidades no que foi descoberto.

2. Encontrar

Procurar, de certa forma, é já ter encontrado. Deseja-se sempre algo que já se conhece; caso contrário, donde surgiria essa ideia? Na nossa existência, já temos passado por "momentos cintilantes" que, seja qual for a espessura da nossa noite, dão testemunho de que "a luz existe".

"Não me procurarias seja não me tivesses encontrado."

Assim, o próprio movimento da busca é abrir-se ainda mais ao que já está presente, mas que não conhecemos suficientemente: "No meio de vós, está alguém que não reconheceis", dizia João Batista aos discípulos.

No meio de vós, existe uma presença que deve ser reconhecida e afirmada. Procurar-encontrar é abrir-se ainda mais ao que – desde sempre – nos é dado.

3. Ficar transtornado, perturbado

Esse reconhecimento do Ser nos causa transtorno, nos perturba. O despertar para essa outra dimensão questiona nossa visão habitual ou "normosée"* do mundo.

---

* Ao vocábulo "norma" é acrescentado o sufixo de origem grega *osis* que serve para formar nomes de doenças [N.T.].

Quando se descobre, na física quântica, que um objeto está, simultaneamente, presente e ausente, é onda e partícula, a inteligência fica perturbada na medida em que sua lógica e coerência habituais deixam de ser suficientes para explicar o fenômeno.

A experiência do Ser é um questionamento de nossa visão do real, condicionada pelo instrumento conceitual através do qual pensamos apreendê-lo. Essa relativização de nossos modos habituais de conhecimento provoca transtornos e é motivo de perturbação; no entanto, se aceitarmos essa vivência como uma etapa no processo evolutivo de nossa consciência, seremos conduzidos, progressivamente, para o encantamento.

4. Ficar maravilhado

No século IV, o Bispo Gregório de Nissa já afirmava que "os conceitos criam os ídolos de Deus; somente o encantamento pode nos dizer algo a seu respeito".

Os filósofos viam a admiração e o encantamento como o começo da Sabedoria. Mais próximo de nós, Einstein afirmou: "Somente os imbecis é que não conseguem ficar maravilhados" (os imbecis: os que julgam saber e interrompem sua busca). Quanto mais se descobre, maior é o encantamento. O maravilhoso não é o feérico, nem o imaginário. Para Einstein, o maravilhoso é que, em certos momentos, o mundo seja compreensível, que haja a possibilidade de uma harmonia, de uma "ressonância", entre nossa inteligência, nossos sentimentos e o Cosmos, como se estivessem animados pela mesma consciência. Tendo feito tal experiência, entra-se, então, no mistério do que reina sobre Tudo.

5. Reinar sobre tudo

Em vez da percepção de estarmos separados do mundo, sentimo-nos como um dos lugares possíveis em que o Universo toma consciência de si mesmo. Acabamos formando Um com o que reina sobre tudo. É o mesmo Espírito, o mesmo Sopro, a mesma Energia que me atravessa e faz vibrar as montanhas ("Elas saltam como cordeiros", diz o salmista; um físico contemporâneo não diria o contrário). A inteligência que pensa em mim faz também florescer os campos e cantar o pássaro. A vida que flui nas veias da criança não é estranha à seiva que faz crescer as árvores...

A percepção que tenho de mim próprio só pode ser uma expressão particular, entre outras, desse Todo que é Um; nesse caso, na interconexão vivida de todas as coisas, fico conhecendo a imensidade e o repouso.

6. Repousar-se

Para os judeus, é importante o tema do *Shabbat*. Após o tempo do trabalho, do fazer e do ter, é necessário tomar o tempo do ser – sentar-se diante de Deus. Ser e nada mais.

Para os gnósticos, o tema do repouso é, igualmente, importante. A inteligência e o coração unificados nessa consciência que anima todas as coisas podem se repousar. O que aparecia antes como "contraditório ou oposto" revela-se, daqui em diante, como complementar; a dualidade é superada. Em todos os lagos do mundo, é possível descobrir os múltiplos reflexos de uma lua única.

Essa não dualidade vivida é a paz, o repouso, objetivo incessantemente perseguido em todas as etapas dessa caminhada iniciática em que se deve permanecer em busca, não ter medo do transtorno, ficar maravilhado e transformar essa admiração e esse repouso em sua morada.

LOGION 3

Disse Jesus:
Se vossos guias vos afirmarem:
eis que o Reino está no Céu,
então, as aves estarão mais perto do Céu do que vós;
se vos disserem:
eis que ele está no mar,
então, os peixes já o conhecem...
Pelo contrário, o Reino está dentro de vós
e, também, fora de vós.
Quando vos conhecerdes a vós mesmos, então sereis
conhecidos e sabereis que sois os filhos do Pai, o Vivente;
mas se não vos conhecerdes,
então estareis na ilusão, e
sereis ilusão.

(Cf. Mt 24,26-27; Mc 13,5-7.21-22; Lc 17,21; Dt 30,11-14; Rm 10,6-8)

Antes de definir o que é o Reino, convém formular a seguinte questão: "Quem reina sobre nós" – o nosso passado, o nosso inconsciente, o meio ambiente, uma paixão ou uma ideia qualquer?

É o Reino do Espírito em nós, em todas as nossas faculdades; já não se trata somente de nosso ego com suas memórias, seus medos, seus desejos que reina sobre nós, mas sim é o próprio Espírito do Vivente que nos anima.

Este *logion* indica-nos que o Reino, a Presença do Espírito de Deus em nós, não deve ser procurado somente no interior ou no exterior; e convida-nos a abandonar a dualidade que é o clima de nossa consciência habitual.

O clima dualista das oposições, conflitos, exclusões... São conhecidas, por exemplo, as dificuldades que podem ser criadas por uma frase como: "Fora da Igreja, não há salvação"; existem aqueles que estão fora e aqueles que estão dentro, e quando o termo "Igreja" é considerado no sentido institucional, faz com que muitas pessoas fiquem "de fora", sejam inaptas à salvação...

Santo Agostinho pressentia os limites dessa linguagem quando afirmou: "Existem muitas pessoas que, dizendo estar na Igreja, estão, na realidade, fora porque não praticam o amor e a vida do Cristo, enquanto muitas pessoas que são consideradas 'fora' estão, na realidade, no coração da Igreja porque praticam o amor e a vida do Cristo".

Além disso, toda exterioridade é uma interioridade, o que está fora de nós encontra-se no interior de um espaço mais vasto. Uma casa está "dentro" de uma cidade que, por sua vez, encontra-se dentro de um país etc. e toda interioridade é habitada pelo exterior, seja nossa respiração, nossos pensamentos (as palavras, as expressões dos outros), nossos desejos íntimos ("O homem é desejo do desejo do outro") etc.

Pressente-se a sabedoria dessa linguagem não dual: se o Evangelho se limitasse a dizer: "o Reino está dentro de nós", seriam privilegiadas as experiências, as meditações interiores. Seria, então, preferível fugir do mundo, fechar os olhos para o que nos rodeia. A felicidade seria apenas espiritual, ficaríamos separados de nossa metade carnal. A matéria, o mundo, os outros não seriam mais do que uma tentação e ameaça rondando em volta do nosso ser essencial.

Se o Evangelho dissesse: "O Reino está fora de vós, é o teu próximo, é a transformação do mundo", nesse caso, seria pecado ficar sentado, fazer silêncio e escutar o Vivente que canta no coração...

Ora, o Evangelho diz-nos: o Reino não irá tornar-vos esquizofrênicos, "ele está dentro e fora de vós". Trata-se de evitar qualquer oposição, manter juntos o interior e o exterior. Não é assim tão fácil, mas tal postura dá visibilidade e profundidade a todas as coisas. Transforma o olhar. Devemos, daqui em diante, "ver" o interior e o exterior de tudo o que encontrarmos. Antes de mais nada, respeitar a pele, a forma, as particularidades do que nos rodeia, a Presença do Ser encontra-se aí. Já não se trata de fechar os olhos às aparências, como também não se trata de ficar confinado a isso. Tentar sentir a interioridade de tudo o que existe, sua profundidade, ver tudo o que há de invisível no visível, tudo o que há de silencioso na palavra que escutamos, tudo o que há de impalpável no que tocamos... Essa atitude desenvolve um estado particular de vigília no cotidiano. "Nossa ascese é a conformidade e o milagre nosso pão de cada dia", dizem os gnósticos...

Ao escutarmos uma música e guardarmos um certo silêncio em nós, o silêncio e o som não se excluem. Pelo contrário, vivem suas núpcias. Trata-se de um momento de Reino, de Presença total.

Tocar alguém com amor, com interioridade é, simultaneamente, muito sensível, muito sensual e, no entanto, uma outra dimensão pode estar presente. "Aquele que é carnal, o é inclusive nas coisas do Espírito; aquele que é espiritual, o é inclusive nas coisas da carne", afirmou ainda Santo Agostinho. Amar o próximo como a si mesmo, como interior a si e, no entanto, não "o reduzir a si", tais são as condições de uma verdadeira relação.

O amor é respeito pela alteridade e pela identidade; pela unidade e pela diferença. Se houvesse apenas alteridade-exterioridade, não seria possível a comunhão; permaneceríamos na separação, na incomunicabilidade. Se houvesse apenas identidade-unidade, também não haveria qualquer relação, mas fusão-mistura. A diferença é o próprio espaço para que a relação seja possível. "Se eu não fosse diferente de ti, como poderia te amar e ir mais longe do que eu?"

Assim, trabalhar para a vinda do Reino de Deus é, em um duplo movimento, interiorizar todas as coisas, espiritualizar a matéria, e exteriorizar, manifestar o Espírito que nos habita, encarná-lo no espaço e no tempo, na sociedade, nas situações de nossa existência. O Reino não está no alto, nem embaixo, nem à direita, nem à esquerda, nem dentro, nem fora... Ele é a altitude, a profundidade, a largura, a espessura, o que está dentro, o que está fora, a interioridade, a exterioridade. É a totalidade do que é e do que nós somos.

O gnóstico é o homem inteiro que não exclui nenhuma parte de si mesmo. Tal é o verdadeiro conhecimento de si que não é somente conhecimento da alma ou de um "pequeno eu" confinado em um "saco de pele", mas tomada de consciência de todas as dimensões de nosso ser.

Nessa tomada de consciência, descobrimos que, conforme é referido na segunda parte deste *logion*, "somos conhecidos" no mais íntimo de nós mesmos; no próprio movimento de integração de tudo o que somos, descobrimos o Outro que é o nosso fundamento (de novo, descobrimos o exterior no interior, desta vez, de um ponto de vista metafísico).

Assim, conhecer-se é descobrir que se é conhecido. É descobrir que, em todo ato de conhecimento, há participação em uma Inteligência que se comunica através de nós e nos leva a participar de sua Luz.

Amar é descobrir que se é amado. É descobrir que, em todo ato de amor, há participação em um Amor que se dá a nós e nos leva a participar de sua Vida. É nesse sentido que São João pôde dizer: "Quem ama, Deus permanece nele e ele permanece em Deus, porque Deus é Amor". É sempre uma graça poder amar, nem que seja um cão, uma flor... "O inferno é não amar", não mais poder amar.

Conhecer-se, conhecer que se é conhecido, é também se descobrir gerado, filho do Vivente, chama do Fogo, filho do Vento. Não se conhecer é passar ao lado de si mesmo, é fracassar e permanecer na ilusão, é ser bafo, um sopro que se apaga, é ser ilusão.

LOGION 4

Disse Jesus:
O velho não hesitará em interrogar a criança de sete dias a respeito do Lugar da Vida e viverá.
Muitos dos primeiros serão os últimos e se tornarão Um.

(Cf. Mt 19,30; 20,16; Mc 10,31; Lc 13,30; Jo 17,20-23)

Nós somos velhos – há quem afirme que temos vários bilhões de anos em nossas células; no nosso paleoencéfalo, conservamos a memória da humanidade. O Evangelho segundo Tomé lembra ao homem idoso que deve interrogar a criança; com efeito, o verdadeiro conhecimento não é acumulação de saberes, mas limpidez do olhar – inocência do coração.

A criança está mais próxima do Lugar da Vida, ainda não se encontra totalmente na dualidade, nem verdadeiramente separada da mãe e do mundo. Assim, pode ser interrogada sobre a origem – o começo.

O velho sabe que seu fim será como seu começo. Qual era nosso rosto antes de nosso nascimento? Trata-se de uma questão semelhante a: "Qual será nosso rosto após nossa morte?" A criança ainda conserva seu rosto de eternidade – de fonte tranquila – ainda não verdadeiramente sexuado, imagem do Andrógino primordial. Assim, pressente-se que a criança de sete dias simboliza o iniciado – aquele sobre quem repousam os contrários – que mantém juntos o começo e o fim. Simboliza, igualmente, o retorno ao estado de não condicionamento – com efeito, aos oito dias é que era circuncidado, recebendo dessa forma o sinal de que fazia parte de uma religião e de uma sociedade.

Seja qual for nossa idade – nossa velhice, o peso de nossas memórias –, o Evangelho nos convida a nos lembrarmos dessa Criança que está em nós – a Criança Divina, o incondicionado: deixá-la viver. Ela lançará sobre o mundo um olhar jovial e alegre da Fonte.

"Tornar-se o último". Esse versículo do Evangelho faz-nos lembrar Lao-Tsé que aconselha ao homem a arte de ser inútil –

"sem uso" –, não pretender saber, observar simplesmente, ser a testemunha tranquila do que é. A verdadeira gnose é um grande desentulho: a pessoa descarrega palavras e conceitos inúteis a fim de que o espírito volte a se tornar puro espelho, olhar de criança: o lago esquecido no recôndito da floresta, no lugar onde ninguém se banha e que reflete, impecavelmente, a lua – sem qualquer ruga.

LOGION 5

Disse Jesus:
Reconhece aquilo que está à tua frente
e o que te é oculto, te será revelado.
Com efeito, não há nada encoberto que não será manifestado.

(Cf. Mt 10,26; Mc 4,22; Lc 8,17; 12,2)

"Admira as coisas que estão à tua frente!" Segundo Clemente de Alexandria, que cita as tradições de Matias, esse é o primeiro grau do verdadeiro conhecimento (*Stromata* II, IX,45).

A gnose não é uma grade – uma ideologia a mais, através da qual deveríamos ler e compreender o mundo. Pelo contrário, trata-se de abrir os olhos para o que se vê – para o que está à nossa frente –, não procurar alhures. O Céu, o Reino. Deus está aí no lugar onde estou. Onde é que Ele não está? "O olho com o qual vejo Deus é o próprio olho com o qual Deus me vê: o meu olho e o olho de Deus não são mais do que um olho, uma visão, um conhecimento e um amor", dizia Mestre Eckhart. As coisas não estão ocultas – elas são evidentes. Nossos olhos é que estão encobertos, saturados, sobrecarregados com memórias, com conhecimentos *a priori* que desfiguram o que está à nossa frente.

É conhecida a história de São Paulo no dia em que caíram as escamas dos olhos: ele pôde reconhecer o próprio Cristo vivo nos homens que perseguia. Ou ainda, a história dos discípulos no Monte Tabor: a liturgia bizantina lembra-nos que não foi o Cristo quem se transformou, mas os olhos dos discípulos é que se tornaram capazes de vê-lo "tal como Ele É".

A gnose é um longo trabalho de reconhecimento, de descoberta, do que está à nossa frente, com a ajuda da pureza do olhar e da atenção ao que é. A consequência dessa atenção é que nos tornamos o que olhamos, tornamo-nos o que amamos.

Daí, a importância do olhar em profundidade que percebe o que há de melhor em todos os seres: não perder tempo com os esgares, mas contemplar o rosto.

"O homem é um espelho disponível", diziam os Padres da Igreja. Se olhar para o caos, refletirá o caos; mas se olhar para a luz, tornar-se-á luz.

Na continuidade deste *logion*, poderíamos, igualmente, citar outro texto de Nag-Hammadi:

> "É impossível que alguém olhe para a realidade imutável e que não se torne como ela. O homem neste mundo olha para o sol; no entanto, não se torna sol. Mas, tu tens algo desse lugar e te tornaste isso [cf. o *Ta twam Asi* – "Tu és isso" – da tradição hindu]. Tu olhaste para o Espírito e te tornaste o Espírito, Tu olhaste para o Cristo e te tornaste o Cristo, Tu olhaste para o Pai e te tornaste o Pai".
>
> (Evangelho de Felipe, N.H. 11,3,61; 20,32)

LOGION 6

Os discípulos o interrogaram assim:
Devemos jejuar? Como devemos rezar? Como devemos dar esmola?
O que deve ser observado em relação aos alimentos?
Disse Jesus:
Não faleis mentira,
não façais o que detestais;
vós estais nus diante do céu,
o que ocultais, o que está encoberto,
tudo será descoberto.

(Cf. Mt 6,2.7.16; Lc 6,31; Rm 7,15; 2Cor 5,10; Ef 4,25; Cl 3,9; Tg 3,14; Gl 4,10; Tb 4,15)

A pergunta dos discípulos incide sobre os três elementos clássicos da ascese religiosa: o jejum, a oração e a esmola; trata-se da pergunta clássica que pode ser formulada por qualquer homem de boa vontade. "Que se deve fazer?" Jesus parece dizer-nos que essa não é a primeira questão a ser formulada. Antes de fazer isto ou aquilo, é necessário ser; além disso, o que importa não é tanto o que fazemos, mas a maneira como o fazemos – que dependerá da qualidade e da sinceridade de nosso ser. Ele previne-nos, assim, contra a presunção de nos julgarmos justificados pelas nossas obras.

Existe, igualmente, uma forma de "materialismo espiritual" denunciada pelos sábios de todas as tradições. Com efeito, o ego é muito astucioso; pode se servir do jejum, da oração, da esmola, de uma certa maneira de se alimentar, para se firmar e ficar inchado em sua vaidade. Trata-se de farisaísmo. Esse desejo de parecer "justo" diante dos outros quando, afinal, o interior está corrompido. Nos evangelhos canônicos, Jesus mostra-se muito mais violento contra esses pseudoespirituais: "Vós limpais por fora a taça, mas por dentro estais cheios de rapinas e maledicências... sepulcros caiados".

No Evangelho segundo Tomé, Jesus contenta-se em dizer: "Parem de mentir" – não se deixem levar por histórias, não brinquem de puros, santos, perfeitos. Sejam o que vocês são, parem de blefar, não mantenham a dualidade entre o Ser e a aparência.

"O que detestais – não o façais." Ou ainda: "O que não quereis que os outros vos façam – não o façais a outrem – eis a Lei e os profetas".

"Vós estais desnudos diante do céu."

Não é possível mentir indefinidamente a si mesmo, pois acaba por chegar o dia em que o que somos é revelado. Uma vez que todos os nossos desígnios secretos são revelados – esse dia será abençoado – na clareza crucificante de nosso nada, o Ser essencial pode se manifestar. O ego cessa seus fingimentos espirituais. O Si-mesmo, enfim, nu, revela-se.

Nessa expectativa, este *logion* lembra-nos que o valor de nossos atos depende do amor e da qualidade de Presença com que os praticamos. Tudo o que se faz sem amor é tempo perdido. Tudo o que se faz com amor é a eternidade reencontrada porque, diz-nos o apóstolo, "tudo desaparecerá"...

"Só o amor jamais passará".

LOGION 7

Disse Jesus:
Feliz o leão que será comido pelo homem;
porque o leão tornar-se-á homem.
Infeliz o homem que será devorado pelo leão,
porque esse homem tornar-se-á leão.

(Cf. Ex 22,30; 1Pd 5,8; Ap 4,7)

Há quem veja nesse leão que pode ser comido pelo homem ou pode comer o homem uma imagem da libido – da pulsão vital. Dominá-la: "comê-la". Assimilá-la significaria, então, humanizá-la. Transformá-la em força de amor. Pelo contrário, uma pessoa pode ser manipulada por ela – ser comida – condicionada por essa mesma libido e, nesse caso, torna-se sua escrava.

No pensamento gnóstico, o leão é, sobretudo, o ego ou a vida mental que nos ocupa e "devora" nossa verdadeira identidade que é o Si-mesmo. Feliz "o pequeno Eu" integrado no Si-mesmo, porque encontra aí seu verdadeiro lugar; mas infeliz o homem cujo ego (um "pacote de memórias", dizia Krishna-murti) o leva a esquecer o Si-mesmo: nesse caso, torna-se leão – ego centrado –, atrai a si e devora tudo o que o rodeia.

LOGION 8

Disse Jesus:
O homem é semelhante a um pescador advertido
que lançou a rede ao mar.
Ao retirá-la, veio junto uma quantidade de peixinhos.
No meio deles, o pescador encontrou um peixe grande e bom;
sem qualquer hesitação, escolheu esse peixe e lançou ao mar
  os outros.
Quem tem ouvidos para ouvir, ouça!

(Cf. Mt 13,45-50; Lc 5,10; Jo 25,8; Mt 8,32; 5,13; Lc 4,9; Rm 3,28; Mt 11,15; 13,9; 4,9)

Nossa inteligência é uma rede mais ou menos fina com a qual "capturamos" muitas coisas – os peixinhos simbolizam todos os nossos pequenos conhecimentos e as ciências em sua diversidade. O peixe grande é o conhecimento do Ser.

Quando se está envolvido em um trabalho de gnose, chega um momento em que se pode "lançar todos os peixinhos", todos esses conhecimentos – essas informações – que não são más em si, mas que, além de desviarem nossa atenção, nada nos ensinam em relação ao essencial. De que serve conhecer todo o universo das ciências se não nos conhecemos a nós mesmos, se não conhecemos aquilo pelo qual tudo é conhecido?

Conservar o peixe grande é aprofundar o conhecimento de si, o conhecimento do Ser, conservar a Presença do Um no meio do múltiplo.

LOGION 9

Disse Jesus:
Eis que o semeador saiu a semear.
Encheu a mão e lançou as sementes.
Algumas caíram no caminho
e tornaram-se alimento para os pardais.
Outras caíram entre os espinhos
que sufocaram a semente e o verme a devorou.
Outras caíram em terreno pedregoso;
aí, não puderam lançar raízes na terra.
Outras caíram em terra excelente
e produziram bom fruto em direção ao Céu.
Produziram sessenta e cento e vinte por medida.

(Cf. Gn 26; Mt 13,3-9; Mc 4,3-9; Lc 8,5-8; Ex 9,8; Dt 28,39; At 12,23)

Este *logion* faz lembrar a importância do terreno que recebe a semente. O crescimento do germe divino semeado em cada um de nós depende de nossa maneira de receber. O sentido da palavra varia segundo o ouvido que a escuta. A semente – isto é, a informação criadora – é a mesma para todos; a variedade dos frutos deve-se ao terreno que a recebe.

O caminho simboliza "a vida habitual", a rua principal com suas atrações. A informação criadora recebida por uma consciência dispersa, distraída, não pode desabrochar no homem; não chega ao íntimo, não habita nossa profundidade: pode-se reduzir o Evangelho a uma conversação de salão, a uma tagarelice, a um produto de consumo ou diversão como outro qualquer...

A semente pode, igualmente, cair entre os espinhos. O espinheiro simboliza a consciência crítica, analítica, que caracteriza certos espíritos contemporâneos e que sufoca a espontaneidade da vida. Aí também, a informação criadora não pode se encarnar e se exprimir.

O conhecimento de si, mencionado no Evangelho, não é introspecção, autoanálise perpétua que nos inibe e esteriliza. Trata-se de um estado de atenção ao que é – sem julgamento, "sem por que", dizia Mestre Eckhart. O verme no meio dos espinhos que ameaça nos devorar é o narcisismo. A consciência, incessantemente, voltada para si mesma que impede o próprio movimento do logos em seu desenvolvimento essencial.

O terreno pedregoso no qual a semente não consegue penetrar simboliza, na Bíblia, a dureza do coração – "O coração de pedra", aquele que se fecha, que recusa as informações criadoras. A coisa mais grave que nos pode acontecer é "que nosso coração de carne se torne um coração de pedra". Muitas vezes, somos empedernidos porque temos medo. O próprio corpo se contrai, se fecha, se defende e segrega nos músculos uma estranha couraça. Confunde-se a dureza com a força. A dureza exterior oculta a fraqueza ou moleza interior como a carapaça do camarão. Aquele que é sólido interiormente – que tem uma coluna vertebral – não precisa "brincar de durão"; pelo contrário, pode até mesmo mostrar-se terno, vulnerável, e acolher sem receio a informação criadora. Torna-se, assim, uma terra boa.

A terra boa é o coração lavrado – esse tema será retomado no Evangelho segundo Tomé. Lavrado pela ascese ou pelas provações da vida, tornou-se menos empedernido, menos distraído, menos egocentrado. Esse longo trabalho retirou dele os espinhos e as pedras. Daqui em diante, está aberto ao essencial e torna-se capaz de escutar e meditar a Palavra de Deus, a informação criadora que murmura em suas veias; então, o bom fruto do Despertar começa a se erguer.

LOGION 10

Disse Jesus:
Vim pôr fogo ao mundo
e eis que hei de preservá-lo,
até que arda.

(Cf. Lc 12,49)

No dia de Pentecostes, o Espírito pousou sobre os discípulos – como línguas de fogo – e ficaram iluminados, abrasados pela sua Presença. Como no dia da sarça ardente, o fogo os queimava "sem os consumir". As línguas de fogo simbolizam o Amor inteligente, revelado, ensinado por Jesus Cristo. Essa união da inteligência com o coração que torna o homem, simultaneamente, amante e luminoso, esse fogo está em cada um. Propaga-se por baixo da cinza de nossas mediocridades; coração ardente que espera o sopro, a "Ruah" divina, para que essa brasa deflagre em chama viva.

No Evangelho de Lucas, Jesus manifestou sua impaciência, seu desejo de o ver deflagrar em chama viva. No Evangelho de Tomé, pelo contrário, dir-se-ia que o preserva, o mantém para não acontecer que venha a deflagrar em chama viva. Um pouco como um cavalo fogoso que é retido para não acontecer que já não seja possível dominá-lo em sua corrida desenfreada.

É verdade que a afirmação de Santo Agostinho, resumo do Evangelho – "Ama e faze o que quiseres" – poderia ser perigosa, se fosse recebida por um espírito não purificado que viesse a transformá-la em justificativa de todas as suas libertinagens. O fogo da liberdade e do amor semeado pelo Cristo é um fogo ardente.

O homem é infinitamente livre – nada nem ninguém poderá impedi-lo de amar, nenhuma lei poderá opor-se a isso. Eis uma verdade que se deve, talvez, conter, preservar, enraizar profundamente em si, antes de a deixar viver e agir: em primeiro lugar, em todas as nossas células; em seguida, nos nossos atos. Então, o incêndio poderá propagar-se, progressivamente, até o dia em que o mundo inteiro transformar-se-á em sarça ardente, saturada de Presença.

LOGION 11

Disse Jesus:
Este céu passará
e passará também o que está acima dele.
Os mortos não têm vida
e os vivos não morrerão.
Nos dias em que comíeis o que estava morto,
vós o tornáveis vivo.
Quando estiverdes na luz, que haveis de fazer?
No tempo em que éreis Um, vos tornastes dois;
mas, desde que vos tornastes dois, que haveis de fazer?

(Cf. Mt 5,18; 24,35; Mc 13,31; Lc 16,17; 21,33; 1Cor 7,31; 1Jo 2,17; Gn 2,4-17; Mt 19,16; Lc 3,10)

 Tudo passa – tanto os mundos materiais como os mundos celestiais. Tudo o que é composto será decomposto, o que é mortal só lhe resta morrer. Por meio dessa incessante evocação, Jesus nos convida a procurar o que não passa, o que é verdadeiramente vivo e não poderá morrer: o Incriado que, não sendo composto, não será decomposto. E, no entanto, uma das tarefas do gnóstico é comer o que é mortal para o tornar vivo, assimilar o que não tem vida em si (nosso corpo, o mundo, a matéria) para o transformar no próprio lugar da manifestação do Ser.

 "Tudo é puro para aquele que é puro" e, como observa H.-Ch. Puech[1], uma das funções do gnóstico é liberar as parcelas de luminosidade contidas, por exemplo, nos alimentos: a luz absorve a obscuridade – a vida deve também integrar a morte.

 Com a reunificação de Tudo na luz, não haverá mais nada a "fazer", senão deixá-la irradiar – como a lâmpada que estava debaixo do alqueire é recolocada sobre o candelabro.

 A segunda parte do *logion* faz-nos lembrar que abandonamos a Unidade – e que nos tornamos dois. Essa dualidade não deve ser considerada, obrigatoriamente, como um mal, mas sim como uma etapa de nosso processo de individuação – trata-se,

---

1. In PUECH, H.-Ch. *Le Manichéisme*. Paris: [s.e.], 1939, p. 191-192.

com efeito, de não permanecer na unidade indiferenciada da criança de peito com a mãe. A passagem pela dualidade – a separação – é uma das condições da maturidade e do crescimento. Mas, tendo-se tornado dois, trata-se de procurar, de novo, o Um. A unidade que, então, vier a ser alcançada, já não será a da indiferenciação ou da fusão, mas sim a da união, da integração. Transparência de nosso ser existencial ao Ser essencial.

LOGION 12

Os discípulos disseram a Jesus:
Sabemos que nos deixarás;
quem dentre nós será o maior?
Respondeu-lhes Jesus:
No lugar em que estiverdes, seguireis a Tiago, o Justo:
ele é que está a par das coisas do céu e da terra.

(Cf. Mt 18,1; Mc 9,34; Lc 9,46; Jo 1,3; At 1,11; 1Cor 8,6; Hb 2,10)

É conhecido o prestígio de Tiago na Igreja primitiva – enquanto patriarca de Jerusalém e "irmão do Senhor". O primado que o Evangelho de Mateus dá a Pedro parece ter sido atribuído, na origem, ao Apóstolo Tiago. Em todo caso, no Evangelho segundo Tomé, é designado por Jesus como seu representante.

Entre os judeus, pensava-se que o mundo tinha sido criado pela Torá, Moisés, Abraão ou o Messias[2]. Alhures, o mundo é considerado como feito por Moisés e Aarão (Talmude babilônico). Pode acontecer que Tiago tenha sido considerado, originariamente, como o sumo sacerdote Aarão correspondente ao rei Moisés-Jesus (Epifânio Pan. XXIX,3-4).

"Ele é que está a par das coisas do céu e da terra" pode ser lido também em um sentido ligeiramente pejorativo: "Se ainda tendes necessidade de um Mestre exterior, de um chefe, enquanto não fordes capazes de seguir o Mestre interior, ide ver Tiago; ele será o organizador de tudo isso. Compete-lhe a constituição de uma assembleia estruturada ou de uma igreja".

---

2. In: GINZBERG, G.L. *The Legend of the Jews*. V. p. 67.

LOGION 13

Disse Jesus aos discípulos:
Com quem me comparais?
Dizei-me com quem me pareço?
Disse-lhe Simão Pedro: Tu és semelhante a um anjo justo.
Disse-lhe Mateus: Tu és semelhante a um sábio filósofo.
Disse-lhe Tomé: Mestre, minha boca não é capaz de dizer com quem te pareces.
Disse-lhe Jesus:
Já não sou teu Mestre uma vez que bebeste e te inebriaste na fonte borbulhante donde eu próprio jorrei...
Então, levou Tomé à parte, afastou-se com ele e disse-lhe três palavras...
Quando Tomé voltou para junto de seus companheiros, estes perguntaram-lhe:
O que foi que Jesus te disse?
Tomé respondeu-lhes: Se vos dissesse uma só das palavras que Ele me disse, apanharíeis pedras para lançá-las contra mim! Dessas pedras sairia fogo e seríeis consumidos...

(Cf. Mt 16,13-20; Mc 8,27-30; Lc 9,18-21; Jo 10,6; Lv 9,24; Nm 16,35; Jz 9,15; Mt 3,12; Lc 3,17; Jo 8,59)

"Para vós, quem sou eu?" A questão é formulada tanto nos sinóticos como no Evangelho segundo Tomé. Aqui, Pedro não confessa o Messias, mas vê em Jesus um anjo – um "enviado". Cada um percebe Jesus segundo seu nível de consciência. Para uns, "tu és Elias"; para outros, um filósofo sábio, isto é, alguém que não se contenta em anunciar a palavra como os enviados ou os profetas, mas que a vive, a encarna (mais tarde, o Corão dirá que Jesus é "o selo da santidade"). Mas é Tomé que parece estar mais próximo do mistério de seu Ser. Pelo conhecimento de Si-mesmo, desceu nas profundezas do *homo absconditus* à imagem do "Deus *absconditus*". Fez a experiência do Inefável, do Incognoscível nele; assim, pode reconhecê-lo no Outro.

"Mestre, minha boca é absolutamente incapaz de dizer com quem te pareces."

Tomé apresenta uma atitude que será a da tradição apofática: ele recusa nomear Deus. "Acerca de Deus, pode-se dizer somente o que Ele não é – e não o que é" (Tomás de Aquino). Daí, o emprego de termos negativos para falar a seu respeito – Não Finito, Não Criado, Não Nomeável, Inefável etc.

Jesus responde a Tomé: "Já não sou teu Mestre". Tu desceste no fundo de teu próprio poço, sabes onde se encontra a Fonte e só existe uma Fonte. "Bebeste, te inebriaste na fonte borbulhante donde eu próprio jorrei."

Jesus reconhece que Tomé alcançou a origem comum a ambos: o Pai. Mais tarde, dirá à Maria Madalena: "Meu Pai e vosso Pai". Daqui em diante, pode considerá-lo como irmão, gêmeo, e afasta-se com ele para lhe dizer "três palavras". Pode-se especular longamente sobre essas três palavras e ver nelas uma revelação da Trindade – Trindade que não rompe com a unidade, mas que é a Revelação de sua fecundidade interior (Deus é Trindade significa que Deus é Um, mas não como um "sublime celibatário" – cf. Chateaubriand. Ele é Um como o Amante, o Amado e o Amor são Um. Deus é relação.) Segundo os naassênios, essas três palavras explosivas são "Kaulakau –Saulasau – Zesar" (cf. Hipólito, *Elenchos* V,8-5). Na *Pistis Sophia* (136), Jesus grita três palavras – a mesma repetida três vezes: Ιαω, *Yahow*. I – iota – porque tudo procedeu dele; α – alfa – porque deve retornar a ele; ω – ômega – porque a consumação de todas as consumações realizar-se-á nele.

O que, frequentemente, se esquece é que, na raiz da palavra, existe um som, uma vibração particular. As três palavras que são pronunciadas pelos iniciados entre eles. Trata-se de uma tríplice vibração – no nível do centro vital, no nível do centro do coração, no nível do centro noético ou intelectual. É no encontro dessa tríplice vibração que eles verificam se a sua "afinação" é perfeita em todos os níveis do ser de cada um.

Seja como for, se Tomé revelasse a intimidade que compartilhava com Jesus, os outros discípulos ficariam ciumentos e lançar-lhe-iam pedras. O fogo do amor pode tornar-se o fogo do ciúme. Então, em vez de iluminar e esquentar, ele queima e consome.

LOGION 14

Se jejuardes, cometereis pecado.
Se rezardes, sereis condenados.
Se derdes esmola, corrompereis vosso espírito.
Quando entrardes em um país e percorrerdes seu território,
no lugar em que vos acolherem,
comei o que colocarem à vossa frente.
Podeis curar
os que estiverem doentes.
O que entra em vossa boca
não poderá vos contaminar.
Mas o que sai de vossa boca
é que poderá vos contaminar.
(Cf. Mt 6,2.7.16-17; Jo 3,18; At 9,13; Mt 10,11-14;
Lc 10,8-11; Mc 7,15; 1Cor 10,27)

O Evangelho segundo Tomé dirige-se a pessoas que já têm uma certa prática da religião, mas para quem o perigo é comprazer-se em tais práticas e julgar-se justificadas por elas.

Se jejuardes com a consciência de jejuar, isso terá como único efeito inchar vosso ego, em vez de vos libertar. O verdadeiro jejum acontece, espontaneamente, quando se está absorvido pela presença de Deus. Então, a pessoa esquece de comer. Foi a atitude tomada por Jesus quando os discípulos ficaram admirados ao observarem que ele não comia. "Tenho para comer, dizia ele, um alimento que vós não conheceis... Meu alimento é fazer a vontade de meu Pai... Esforçai-vos não pelo alimento que perece, mas sim pelo alimento que permanece até à vida eterna..." (cf. Jo 6).

"Se derdes esmola" com a consciência de dar esmola, "corrompereis vossos espíritos" – praticais tal ação para serdes observados ou para ficardes com a consciência tranquila. Trata-se de ir mais longe: "que a tua mão esquerda não saiba o que dá a tua mão direita".

Se teu irmão está com fome e tens algo que ele possa comer, o que há de mais natural do que compartilhar com ele o que tens? Já não se trata de "dar esmola", mas reencontrar a espontaneidade do amor.

O mesmo acontece com a oração: "Enquanto rezares com a consciência de que rezas, não estás rezando verdadeiramente", dirá, mais tarde, João Cassiano. Também a oração deve tornar-se espontânea – um simples movimento do coração – como o perfume da rosa ou o canto do pássaro.

Jesus nos previne contra essas práticas boas em si, mas que podem se tornar a ocasião de farisaísmo, para não dizer, narcisismo espiritual. A Presença do Espírito deve nos tornar cada vez mais simples, cada vez mais espontâneos: uma religião que nos transformasse em pessoas complicadas – cheios de culpa e culpabilizando os outros – correria o grande risco de ser uma falsa religião porque deixaria de nos "religar" às forças vivas do Vivente; pelo contrário, separa-nos delas.

A sequência do *logion* nos encoraja a tomar a atitude de simplicidade: "Se vos acolherem, comei o que colocarem à vossa frente"; não é o que entra em vossa boca que irá vos contaminar, mas o que sai dela. Jesus insiste: o que nos torna impuros, o que nos contamina, é o que suja os outros. São as palavras inúteis, os julgamentos precipitados. São as calúnias que contaminam o coração e o espírito, e provocam um hálito nauseabundo. Uma vez mais, de que serve jejuar, dar esmolas, rezar, se tudo isso é feito sem coração, se o espírito cultiva o ódio ou a amargura?

Uma pequena frase deste *logion* é, igualmente, importante: "Podeis curar os que estiverem doentes". A palavra grega *Therapeuen* tem um sentido mais amplo do que curar. Com efeito, mais do que simples curandeiros, os terapeutas referidos por Fílon de Alexandria eram também iniciadores. Assim, deveríamos ler: "Além de curar, podeis também iniciar no sentido da vida e do sofrimento os que estiverem doentes ou sofrendo".

Com efeito, a própria doença, talvez, não seja mais do que o sintoma de um mal-estar mais essencial – de um esquecimento do Ser... O papel do terapeuta é, então, permitir à pessoa que sofre recuperar a saúde total, tanto físico-psíquica quanto espiritual.

O Evangelho segundo Tomé lembra-nos que todo homem tem em si o poder de curar. O terapeuta encontra-se no íntimo de cada um de nós. É o Vivente que deseja "que tenhamos a vida e a vida em abundância" em todas as dimensões de nosso ser. Trata-se de assumir a atitude justa. Por meio de uma abertura que lhe permita agir em nós e através de nós.

LOGION 15

Disse Jesus:
Quando virdes
aquele que não foi gerado por uma mulher,
prostrai-vos diante dele e adorai-o.
Ele é vosso Pai!

(Cf. Mt 11,11; Mc 3,11; Lc 7,28; 1Cor 14,25; Cl 3,4;
2Tm 1,10; Jo3,9)

    Este *logion* convida-nos a descobrir em nós "o ingendrado" – o que não nasceu de uma mulher, da carne, da razão, da emoção; nos convida a dirigir nosso olhar interior para nossa verdadeira origem, não gerada, não criada. Aí está o nosso verdadeiro Pai. Ao descobri-lo, a única atitude possível é prostrar-se e adorá-lo, uma vez que se está diante do abismo do Ser e do Amor incriados.

LOGION 16

Disse Jesus:
Talvez os homens pensem que vim trazer a paz ao mundo.
Não sabem que vim trazer discórdia à terra: fogo, espada, guerra.
Haverá cinco em uma casa: três estarão contra dois e dois contra três,
o pai contra o filho, o filho contra o pai.
Hão de permanecer solitários e simples.
(Cf. Mt 10,34-36; Lc 12,49.51-53)

A Paz que Cristo nos propõe não é a Paz dos tranquilizantes ou euforizantes, mas a Paz essencial, não dependente das circunstâncias favoráveis que, porventura, venham a nos rodear. É a Paz do Ser. Para descobrir essa Paz, "que nada nem ninguém poderá nos tirar", é necessário, por vezes, passar pelo fogo, pela espada e pela guerra, isto é, passar pela purificação, pelo discernimento, pela polêmica (*pólemos*: guerra, em grego) que nos leva a abandonar as nossas falsas seguranças.

Um dia, o Cardeal Newman ficou espantado com a palavra bíblica: "Senhor, tu nos submetes à prova, como acontece com a prata sob o fogo do fundidor". Decidiu, então, ir ver um fundidor em ação e perguntou-lhe: "Quando é que o senhor sabe que a prata está pronta, que está purificada, desembaraçada de sua ganga grosseira?" O fundidor respondeu-lhe: "Sei que a prata está no ponto quando, ao me inclinar, consigo ver o reflexo dos traços de meu próprio rosto".

Quando formos "submetidos à prova do fogo", será bom lembrarmo-nos que o Pai inclina seu rosto para nós a fim de que nos tornemos capazes de refletir os traços de sua fisionomia – à semelhança do Filho...

O gládio ou a espada simbolizam o discernimento (São Paulo): para sairmos do que nos mantém atolados, do que nos aliena, é também necessário travar um combate (*pólemos*); por vezes, será necessário opor-se à família para ter acesso à autonomia. O gládio deve cortar o cordão umbilical. Por vezes, será necessário cortar na carne viva os nossos apegos mais legítimos para nos tornarmos realmente o que somos. Assim, quando Jesus diz que vem trazer o fogo, a espada, o conflito, dá-nos os instrumentos de nossa libertação, ensina-nos a maneira como deixar todas essas falsas identificações ou imagens de nós mesmos às quais estamos agarrados, mas que nos impedem de alcançar nossa realidade, nua e crua, sem ilusões...

Aquele que atravessou essas provações libertadoras, erguer-se-á "solitário e simples" – duas palavras que procuram dar o sentido de um termo difícil de traduzir: *monachós*. O *monachós* – maltraduzido por "monge" – não é somente um celibatário, mas aquele que tende para o Um (*monos*), para a unificação de todas as suas faculdades: corpo-coração-espírito, a fim de se tornar como o filho "monógeno" de um só gene, de um só jato voltado para o Pai (cf. o *Logos pros ton Théon* do prólogo de São João).

Essa unificação passa pela solidão e pela simplificação. A via gnóstica implica uma vida solitária, não por falta de amor ou de amizade, mas porque "nos lugares elevados, não se anda aos encontrões" e porque, ao atingir mais profundamente a verdade, a pessoa encontra-se sozinha diante de si mesma, diante de Deus. Essa solidão não separa do outro; pelo contrário, permite encontrá-lo também em sua profundidade, em sua solidão essencial.

Os gnósticos não vivem no meio da multidão. A vida associativa ou comunitária não faz seu gênero. Não é por orgulho que fogem das massas, mas por exigência, por recusa da superficialidade. Sabe-se, também, que os encontros mais íntimos, mais profundos são os encontros dos verdadeiros solitários.

Suportar a solidão conduzir-nos-á, igualmente, a um estado sem ego. Com efeito, na solidão, não existe o olhar do outro para nos confirmar em nossa existência (confirmação agradável ou penosa, tanto faz), o que explica o medo de grande número de pessoas em relação à solidão...

Mas estar só não é suficiente: ainda é necessário ser simples – isto é, etimologicamente, "sem dobras", sem retorno a si. O verdadeiro trabalho do fogo e da espada consiste em nos desdobrar, inclusive nas dobras mais secretas, a fim de reencontrarmos nossa simplicidade original, nossa verdadeira identidade, o ouro puro, nosso puro "eu sou" desembaraçado da ganga de suas representações ilusórias e sermos, assim, "os homens nobres", "os filhos de Deus", segundo as expressões utilizadas por Mestre Eckhart.

LOGION 17

Disse Jesus:
Eu vos darei o que nenhum olho viu,
o que nenhum ouvido ouviu,
o que a mão nunca tocou
e o que jamais penetrou no coração do homem.

(Cf. 1Cor 2,9; Is 64,3; Jr 3,16; Mt 4,9; Lc 1,77; Jo 7,39; At 7,23)

O que Jesus nos propõe nada tem a ver com o que o homem pode pensar, tocar, ver, imaginar. Ele afirma, dessa forma, a transcendência do Ser incriado. Dizer "conheço a Deus" não passa de presunção e mentira. Ao mesmo tempo que se dá a conhecer, Deus permanece incognoscível.

Aqui, o Evangelho de Tomé está na origem de uma Tradição como o hesicasmo que afirma o caráter inacessível de Deus e, ao mesmo tempo, o realismo da participação em seu Ser; daí, a distinção proposta por Gregório Palamas entre a Essência e a Energia... Não podemos conhecer o centro do Sol e, no entanto, podemos esquentar-nos em seus raios. Paradoxo da Divinização: nem fusão ou separação.

LOGION 18

Os discípulos perguntaram a Jesus:
Diz-nos qual será o nosso fim?
Jesus respondeu:
O que conheceis em relação ao princípio para que estejais à procura do fim?
Com efeito, onde se encontra o princípio, aí estará também o fim.
Feliz aquele que permanecer no princípio;
há de conhecer o fim e não provará a morte.

(Cf. Mt 24,3-6; Jo 20,15; 1Pd 4,17)

Existem perguntas inúteis. Por que motivo procurar saber para onde vamos, qual será nosso fim, quando ignoramos donde viemos realmente? O que somos hoje é o resultado do que fomos ontem; o que seremos amanhã será a consequência do que somos hoje.

As perguntas sobre a origem e o fim reconduzem-nos ao dia de hoje e é neste "dia de hoje" – aqui e agora – que podemos apreender o começo e o fim.

Heráclito dizia: "No círculo, princípio e fim coincidem". Cada ponto desse círculo pode ser considerado como o começo e o fim. Cada momento presente, em sua profundidade, pode nos revelar o alfa e o ômega. Trata-se de permanecer presente à Fonte donde nasce o pensamento, a vida, o movimento e o ser...

LOGION 19

Disse Jesus:
Feliz aquele que É antes de existir...
Se vos tornardes meus discípulos e se escutardes as minhas palavras,
estas pedras vos servirão.
Com efeito, no paraíso, existem cinco árvores
que não se modificam no verão nem no inverno.
Suas folhas não caem.
Quem as conhecer, não provará a morte.

(Cf. Jo 8,58; 14,29; Mt 3,9; Mc 1,13; Lc 3,8; Jo 5,24; Tg 1,11; 1Pd 1,24; Ap 2,7; Is 40,7; Zc 14,8)

É necessário ser antes de existir... Segundo a sua própria etimologia, o verbo existir indica que ele ex-prime a essência, a manifesta. Poderíamos, igualmente, comparar este *logion* com a palavra de Jesus – sobejamente conhecida – que lhe valeu a crucifixão: "Antes que Abraão existisse, Eu Sou"; antes de entrar no espaço-tempo, antes de Abraão, antes de qualquer existência, "Eu Sou" e esse é o Nome Divino, a afirmação do Incriado.

Mestre Eckhart retomou, por sua conta, esta palavra de Jesus: "Antes de nascer, EU SOU desde toda a eternidade". Feliz aquele que, no espaço-tempo, toma consciência de seu Ser de eternidade. "Está no mundo, mas não é deste mundo" e, então, "as próprias pedras o servirão".

Quando estamos em harmonia com o princípio incriado de tudo o que existe, parece que todas as coisas estão a nosso "serviço". Existe um apoio real de todos os elementos da natureza. Nesse caso, o gnóstico encontra-se "no paraíso".

"O paraíso, dizia Kafka, está sempre aí... nós é que somos expulsos dele." Para o reencontrar, é necessário conhecer "as cinco árvores que não se modificam, seja no verão ou no inverno".

Nessas cinco árvores, o Evangelho de Felipe vê os cinco sacramentos (sent. 68). Depois de ter citado o saltério maniqueísta, Jean Doresse menciona o tratado maniqueísta chinês de Chavannes Pelliot e sua longa passagem consagrada à "plantação", pelo Enviado da Luz, das cinco árvores preciosas: a primeira é a Árvore do Pensamento; a segunda, a Árvore do Sentimento; a terceira, a Árvore da Reflexão; a quarta, a Árvore do Intelecto; e a quinta, a Árvore do Raciocínio.

Nessas "cinco árvores", outros verão o esboço da teoria dos cinco sentidos espirituais, desenvolvida por Orígenes e pela Tradição Patrística.

Para reencontrar o Sentido do paraíso, é necessário, com efeito, ter "olhos para ver" através do visível, descobrir o invisível; e "ouvidos para escutar" através do som ou das palavras, discernir o canto do silêncio etc.

Será que os gnósticos já praticavam "a aplicação dos cinco sentidos", esse exercício que – através da aplicação metódica dos órgãos dos sentidos a um objeto – conduz-nos à "sensação do Divino", prolegômenos do grande apocalipse ou Revelação do Ser no microcosmo humano?

LOGION 20

Os discípulos perguntaram a Jesus:
Dize-nos a que se assemelha o Reino dos Céus?
Ele lhes respondeu:
Ele é semelhante a um grão de mostarda,
a menor de todas as sementes;
quando cai em terreno lavrado,
torna-se um grande arbusto
que serve de abrigo às aves do céu.

(Cf. Mt 13,31-32; Mc 4,30-32; Lc 13,18-19)

A menor de todas as sementes pode dar origem ao maior dos arbustos... Um só homem vigilante pode fazer com que venha a se erguer uma nova humanidade...

É a lei de todos os começos, em particular, do começo do homem, entre as inumeráveis espécies animais. O ínfimo, o não notável, traz em si toda a informação necessária para o seu crescimento: "O carvalho inteiro está contido na bolota".

Mas como já foi observado pelo Evangelho, é necessário que o terreno seja favorável, que a terra esteja lavrada; caso contrário, a semente da vida divina (*sperma theou*), depositada em cada um de nós, não poderá crescer e transformar-nos no grande arbusto que servirá de abrigo às aves do Céu.

LOGION 21

Maria perguntou a Jesus:
A quem se assemelham teus discípulos?
Ele respondeu:
Eles são semelhantes a meninos
que penetraram em um campo que não lhes pertence.
Quando chegarem os proprietários do campo, dirão:
deixem-nos o nosso campo.
Então, os meninos hão de tirar as roupas,
hão de reconhecer que estão nus diante deles, abandonarão o
campo e o devolverão aos proprietários.
Por isso, eu vos digo:
Se o dono da casa souber quando virá o ladrão,
ficará vigilante antes que este chegue.
Não permitirá que penetre na casa de seu reino
e leve seus bens.
Quanto a vós, deveis estar vigilantes diante do mundo.
Cingi vossos rins com grande energia;
caso contrário, os ladrões hão de encontrar o caminho para
chegar a vós.
Hão de encontrar o fruto que esperais.
Oxalá exista entre vós um homem sensato...
Quando o fruto estiver maduro, ele virá logo –
com a foice na mão –
e apanhá-lo-á.
Quem tem ouvidos para ouvir, ouça!

(Cf. Mt 11,16; Lc 7,32; 2Cor 5,3)

Neste texto, Maria (Maria Madalena) é a figura da iniciada que pergunta a Jesus em que situação se encontram os discípulos (não se trata dos mais próximos, mas daqueles que seguem – de longe – o Mestre). "Eles são semelhantes a meninos", diz Jesus. O campo do conhecimento ainda não lhes pertence, ainda não estão "revestidos" do Cristo. Sua nudez, aqui, não é somente a inocência, mas a ausência de *pneuma*, a falta de Sopro.

Jesus lembra, então, a importância da vigilância. Não são somente os mestres que podem tomar posse e fazer frutificar esse campo da gnose; existem também saqueadores, ladrões (as paixões, os pensamentos perversos, os juízos infundados, outras tantas doenças da inteligência que podem destruir ou impedir o verdadeiro conhecimento).

Por meio da vigilância e atenção, os meninos poderão amadurecer e tornar-se sábios. Hão de recolher, nesse caso, o fruto que lhes foi prometido. Deixarão de ser estranhos no campo do conhecimento. Serão mestres em companhia do Mestre, filhos em companhia do Filho.

LOGION 22

Jesus viu algumas crianças que estavam se amamentando ao seio.
Disse aos discípulos:
Essas crianças que estão se amamentando são semelhantes aos que entram no Reino.
Eles lhe perguntaram:
Então, se nos tornarmos crianças, entraremos no Reino?
Jesus respondeu-lhes:
Quando de dois fizerdes Um
e quando fizerdes o interior como o exterior,
o exterior como o interior
e o alto como o baixo,
quando tornardes o masculino e o feminino um Único ser,
afim de que o masculino não seja um macho
nem o feminino uma fêmea;
quando tiverdes olhos em vossos olhos,
a mão em vossa mão,
e o pé em vosso pé,
um ícone em vosso ícone,
então, entrareis no Reino!

(Cf. Mt 18,1-3; Mc 9,36; Lc 9,47-48; Jo 17,11; Rm 12,4-5; 1Cor 12,14; Gl 3,28; Ef 2,14-18; Ex 21,24; Lv 24,20)

De novo, Jesus compara os homens do Reino a crianças de peito que recebem o leite das mães, isto é, seres inocentes em estado de total receptividade, próximas do que consideram como a própria fonte de suas vidas. São João falou do Seio do Pai sobre o qual repousa o Filho. Ele próprio tem sido representado, frequentemente, repousando sobre o peito de Jesus, à escuta de seu segredo...

Tudo isso simboliza a atitude de repouso e receptividade que deve ser a atitude do contemplativo. Os discípulos pensam, então, que é suficiente ser "criança" para entrar no Reino. Jesus lembra que a criança é o símbolo de um estado de não dualidade; além disso, não se trata, de modo algum, de "brincar de criança", conservar em nós a puerilidade e as infantilidades. Antes, seria necessário trabalhar na integração de todas as dimensões de nosso ser: o alto, o baixo, o masculino, o feminino etc.

O alto deve tocar o baixo. Não se trata de uma evidência tola, mas uma indicação de trabalho. Muitos não têm a cabeça em cima dos ombros; o que sonham é, muitas vezes, contraditório em relação às pulsões do próprio corpo. O alto e o baixo estão, algumas vezes, totalmente separados. A integração do celeste com o terrestre, a não oposição entre carnal e espiritual, tal é a obra do gnóstico. Isso passa também pela integração do masculino com o feminino, da *anima* com o *animus*. Trata-se de realizar em nós as núpcias do homem com a mulher; caso contrário, procuraremos no exterior a metade que nos falta. Não chegaremos a ser pessoas, indivisas e realizadas.

Entre os gnósticos, aparece, frequentemente, o tema do Andrógino. Este simboliza a integração das polaridades masculinas e femininas: rigor e ternura, inteligência e amor, força e doçura; descreve o ser humano em sua totalidade. Esta não está confinada em si mesma. Lembra somente que o homem é capaz de amar a partir da sua plenitude e não a partir de sua carência. Nossos amores não são apenas sedes; podem tornar-se fontes transbordantes.

São Paulo lembra-nos que "no Cristo, já não há macho ou fêmea". Com efeito, existem apenas pessoas. Suas relações não são relações animais de macho com fêmea, mas de homem com mulher, à imagem do masculino com o feminino, do Yin com o Yang que arrasta o movimento do mundo segundo o ritmo de suas núpcias...

Nessa unidade reencontrada, todas as coisas aparecem transfiguradas:

"Vós tereis olhos em vossos olhos" – eles serão videntes;
"Vós tereis a mão na vossa mão" – capazes de receber e dar;
"Vós tereis os pés em vossos pés" – eles indicam o caminho.

Todo o nosso ser será renovado à imagem e semelhança de Deus (vós sereis seu ícone!).

Depois de ter comungado os Mistérios (a Eucaristia), Simeão, o Novo Teólogo, esse grande místico bizantino, dizia: "Daqui em diante, eu sou seu pé, sua mão, seu olhar. Eu sou sua imagem, sua presença..." e sentia-se, então, invadido pelo que os Padres da Igreja chamam de "filantropia divina". E não podendo suportar o sofrimento, nem que fosse de um só ser, ele rezava pelo mundo inteiro e cuidava da jovem mulher sem recursos e da criança sem pai...

Seria possível encontrar na literatura apócrifa neotestamentária numerosos paralelos com este *logion*, por exemplo, o ágrafo 71[3]. Interrogado por alguém sobre o momento em que viria o Reino, o Próprio Senhor respondeu: "Quando dois vierem a formar Um, o exterior for como o interior e o macho com a fêmea, nem macho nem fêmea... ora, os dois serão Um quando a verdade for dita mutuamente e quando, excluída toda hipocrisia, existir em dois corpos uma alma única..."

"Lá em cima, acrescentam os naassênios, não existe fêmea nem macho, mas uma criatura nova, um homem novo que é andrógino" (cf. Hipólito, *Elenchos* V, 7,13-15).

Para concluir, citemos os Atos de Tomé (129-145) que exprimem a nostalgia do homem "em busca de gnose": "Que todas as horas se tornem como uma única hora: que me seja permitido deixar esta vida, a fim de que vá contemplar mais depressa Aquele que é Vivente... e que dá a Vida àqueles que acreditam nele, no lugar onde não há dia ou noite, luz ou trevas, bem ou mal, pobre ou rico, macho ou fêmea, homem livre ou cativo... o que era interior, transformei-o em exterior; o que era exterior, interior; e toda a sua abundância foi plenamente realizada em mim. Nunca mais voltei às coisas que estão para trás, mas avancei para a frente em direção das coisas que estão à frente..."

---

3. In: RESCH, A. *Neutestamentlichen Apokryphen*.

LOGION 23

Disse Jesus:
Eu vos escolherei um dentre mil
e dois dentre dez mil,
e eles erguer-se-ão como se fossem um só, simples.

(Cf. Mt 22,14; Jo 6,70; 13,18)

Estas palavras são atribuídas por Irineu e Epifânio aos gnósticos basilidianos. Viram nelas um sinal do "elitismo", característico da gnose. "Muitos são chamados, mas poucos são escolhidos". É também a origem da doutrina da predestinação.

A tais asserções seria possível responder que somos todos escolhidos, uma vez que todos nós fomos criados, isto é, "chamados" à existência.

É a nossa resposta à inteligência criadora que faz a escolha: "um dentre mil" responde; "dois dentre dez mil" fazem-se *capax Dei*, puras capacidades de Deus (é um dos nomes dados à Virgem Maria na tradição católica).

Esses poucos "que não resistem à graça" são membros da única resposta, a do Filho. E, então, erguem-se, simples, sem dobras, no próprio movimento de sua natureza filial, "voltada para o Pai", como no começo (cf. prólogo de São João).

LOGION 24

Disseram os discípulos:
Indica-nos o lugar onde estás:
com efeito, devemos ir à sua procura.
Ele lhes respondeu:
Quem tem ouvidos, ouça!
Há luz no íntimo de um homem de luz
e ele ilumina o mundo inteiro.
Se não iluminar,
tudo estará nas trevas!

(Cf. Lc 11,1; Jo 7,34-36; Mt 6,22-23; Lc 11,33-36; Jo 1,9; 9; 12,36)

No Evangelho de João, o tema da luz é, particularmente, importante. "O Verbo é a Luz que ilumina TODO homem que vem a este mundo" (todos os homens: não só os cristãos e os gnósticos). O próprio Jesus se declara como a Luz encarnada: "Eu sou a Luz do mundo, quem me seguir não andará nas trevas, mas terá a luz da vida".

Esse tema do "homem de luz" está presente em todas as grandes tradições. Nos últimos anos, foi, particularmente, bem estudado por Henri Corbin[4].

O "lugar" onde vive Jesus, e todo homem que tenha desejo de segui-lo, é a luz. A luz enche o espaço, é invisível, mas permite que todas as coisas se tornem visíveis. Estar na luz é deixar de ficar obnubilado pelos objetos que ela ilumina e, assim, considerá-los a partir do espaço infinito que os contêm.

No Evangelho de Mateus, Jesus indica com precisão que "a lâmpada do corpo é o olho – se o olho for simples, todo o corpo será luminoso, mas se o olho for mau, o corpo inteiro estará nas trevas". A condição exigida para perceber a luz é, portanto, a pureza, a simplicidade do olhar.

---

4. In: *L'Homme de Lumière dans le soufisme iranien.*

O que é um olhar luminoso, a não ser um olhar que desperta em cada um – para além de suas sombras – o que traz de luz? Felizes aqueles que encontraram tal olhar... além de saberem que são pó e voltarão ao pó, sabem também que são luz e voltarão à luz...

LOGION 25

Disse Jesus:
Ama teu irmão como a tua alma
e cuida dele como a pupila de teu olho!

(Cf. Lv 19,18; Mt 5,43-44; 19,19; 22,39; Mc 12,31-33;
Rm 13,9; Gl 5,14; Tg 2,8; 1Jo 2,10; 3,10; 4,21; Dt 32,10;
Pr 7,2; etc.)

A Primeira Epístola de São João mostra bem o vínculo que pode existir entre o tema da luz e o do amor. "Quem diz que está na luz e odeia o irmão, ainda está nas trevas. Quem ama o irmão, está na luz e não é pedra de tropeço. Mas quem odeia o irmão está nas trevas; anda nas trevas, sem saber para onde vai, porque as trevas lhe cegaram os olhos".

Assim, luz e amor, *gnósis* e *agapè*, não podem ser separados. O ódio provoca a cegueira e a infelicidade. "Quem não ama, permanece na morte", diz ainda São João. Já está no inferno, confinado em si mesmo, sem nenhum "desejo do desejo do outro", autismo espiritual que pode ser imaginado ainda mais doloroso do que o autismo psíquico. Para quem ama, tudo existe em abundância, o outro é visto na luz e, nesse caso, o próximo revela-se efetivamente como a pupila de nosso olho, aquele que nos permite ver-nos melhor, conhecer-nos a nós mesmos.

É verdade, também, que é apenas pelo dom total de si mesmo que é possível tocar seu "fundo", a pupila de seu ser. Essa "abertura", esse "buraco negro" onde se reabsorve e nasce nossa harmonia com a luz.

LOGION 26

Disse Jesus:
Vês o cisco no olho de teu irmão.
Mas não vês a trave no teu próprio olho.
Quando tirares a trave do teu olho,
então, enxergarás melhor para tirar o cisco do olho de teu irmão.

(Cf. Mt 7,3-5; Lc 6,41-42)

Neste *logion*, Jesus apresenta-se de novo como terapeuta. Revela os mecanismos da projeção e da transferência.

O que criticamos nos outros não passa, muitas vezes, da projeção do que criticamos em nós mesmos; no entanto, não ousamos confessá-lo. O que temos mais dificuldade em suportar nos outros, são exatamente os nossos próprios defeitos.

Ao escutar certas conversações, aprende-se mais a respeito da pessoa que fala do que a respeito da pessoa de quem se fala. Por exemplo: quando se diz que alguém é inteligente, deve-se subentender: "Ele pensa como eu"; se é estúpido, deve-se subentender: "Não pensa como eu".

"Julgar os outros é julgar-se a si mesmo." O cisco que observamos em outrem é a nossa trave recalcada... Estar atento aos julgamentos espontâneos que surgem em nossa mente ensinar-nos-á muito a respeito de nós mesmos e de nosso inconsciente. Quando este estiver um pouco mais iluminado, veremos com maior clareza o que se passa nos outros e veremos que eles têm mais necessidade de serem amados do que serem julgados; além disso, este amor incondicional, talvez, seja o ponto de partida de sua transformação em direção à luz.

LOGION 27

Disse Jesus:
Se não jejuardes em relação ao mundo,
não encontrareis o Reino.
Se não celebrardes o Shabbat como um Shabbat,
não vereis o Pai.

(Cf. Mt 5,8-20; 6,33; 18,3; Lc 12,31; 13,5; 18,17; Jo 3,5; 6,46; 14,9)

"Estar no mundo, mas não ser DESTE mundo", eis um tema que é retomado, frequentemente, nos evangelhos.

Jejuar em relação ao mundo é manifestar sua liberdade em relação ao mesmo. Para ver bem as torres da cidade, é necessário sair da cidade. Esse tempo de recuo é necessário para a vida do homem. É o sentido profundo do *Shabbat* que significa, literalmente, "parar" (quando tiveram de encontrar uma palavra para exprimir "greve", os judeus contemporâneos fabricaram um derivado do termo *"shabbat"*: *chévita*).

É conhecida a importância do *Shabbat* para o povo judeu. Trata-se de, em cada semana, parar, "cessar" de fazer, arrancar o mundo e nossa vida aos mecanismos da produção; tomar o tempo de ser, de se sentar diante de Deus...

É também o dia em que todos os homens são iguais. Deixam de desempenhar seus papéis socioprofissionais para "serem simplesmente homens". Sua relação filial com Deus leva-os a descobrir, no mesmo movimento, sua relação "fraterna" em relação a toda criatura.

Introduzir o *Shabbat* na nossa vida é introduzir tempos de "parada", voltar – no meio de nossas agitações – ao nosso ser essencial. Tomar o tempo de formular questões a si próprio: "Quem é o motor da ação? Quem pensa? Quem sou eu?"

O tempo do *Shabbat* é também o momento de parada de nosso aparelho psicomental em que o tempo fica como que suspenso... Então, pode elevar-se – do âmago de nossa sarça de humanidade – um eco do puro e simples EU SOU.

LOGION 28

Disse Jesus:
Permaneci no meio do mundo
e me revelei a eles na carne.
Encontrei-os todos embriagados.
Entre eles, ninguém tinha sede,
e minha alma ficou consternada com os filhos dos homens
porque seus corações estão cegos.
Eles não veem.
Vieram ao inundo nus
e nus hão de sair do mundo.
Neste momento, estão embriagados.
Quando tiverem vomitado o vinho,
hão de voltar a si.

(Cf. Mt 11,17; Lc 7,32; 1Tm 3,66; 1Ts 5,7; Jo 4,13-15; 6,35; 2Cor 6,1; Gl 2,2; Fl 2,16)

Na gnose, o tema do "homem embriagado" opõe-se ao do "homem de luz". Estar embriagado é ter o espírito e o coração saturados, inebriados pelas aparências. Nada a ver com a "sóbria embriaguez" referida por Gregório de Nissa que é um êxtase tranquilo na Presença do Ser... O homem embriagado é aquele cuja visão está perturbada e, inclusive, obcecada por suas pseudocertezas; julga "ter" a verdade quando, afinal, trata-se de "ser" a verdade, de ser verdadeiro.

Deixar a embriaguez, a autossatisfação, o entorpecimento em que somos mantidos pela mente obscurecida e limitada é abandonar as "verdades que se tem", esses conceitos inúteis que reduzem o Real, para descobrir a verdade que se É, a Presença luminosa, imperceptível "daquele que É", segundo o *corpus* areopagita, "infinitamente mais do que Ser".

Viemos ao mundo nus. E nus sairemos dele. É importante lembrar isso, não para ficarmos abatidos, mas sim para manter em nós o mínimo de lucidez. Não temos o Ser por nós mesmos. Por nós mesmos, somos apenas "puro nada". Essa prova da lucidez ajudar-nos-á a vomitar nosso vinho, abandonar a ilusão e a inflação do ego. Encontraremos, então, nossa verdadeira natureza: "um espírito novo e um coração novo".

O Evangelho da Verdade (22,13-19) acrescenta: "Aquele que possui a gnose, sabe donde vem e para onde vai. Sabe como alguém que, tendo-se embriagado, deixou seu estado de embriaguez, realizou um retorno a si mesmo e restabeleceu o que lhe é próprio".

LOGION 29

Disse Jesus:
Se a carne foi feita por causa do espírito,
eis o que é maravilhoso,
mas se o espírito foi feito por causa do corpo,
eis o que é a maravilha das maravilhas.
Quanto a mim, fico maravilhado pelo seguinte:
Como esse Ser que É
pode habitar nesse nada?

(Cf. Mt 21,42; Mc 12,11; Jo 1,14; 1Tm 3,16; Rm 8,13; 1Cor 5,3)

Relativamente ao espírito e à matéria, o mundo está dividido em duas grandes visões: a visão espiritualista e a visão materialista.

Para os espiritualistas, a matéria é uma "degradação", um "esfriamento" do espírito. Em primeiro lugar, encontra-se o espírito que, vibrando consoante velocidades diferentes, produz a matéria, sendo que esta é o seu ritmo mais lento.

Pelo contrário, para os materialistas, o Espírito, o pensamento não são mais do que os produtos da complexificação crescente da matéria. O acaso e a necessidade dividem entre si o jogo de nossas sinapses e a dança de nossas partículas.

Que a matéria tenha surgido do espírito ou que este tenha sua origem na matéria, seja qual for o lado pelo qual o problema venha a ser formulado, tudo bem: que maravilha e a maravilha das maravilhas! Cada uma dessas explicações tem sua própria coerência, cada uma tem razão e limita-se a isso porque a maravilha – diz-nos o Evangelho – é existir algo em vez de nada!

Jesus não procura saber a razão. Estaria, de novo, dando uma explicação. Simplesmente, Ele constata, admira e, assim, introduz-nos em uma visão não dualista em que não se trata de opor a matéria ao espírito, mas de os acolher juntos. Quem sabe se "matéria" e "espírito" não passam de palavras, de conceitos forjados pela mente? Quem sabe se, na hora do encantamento, não há senão uma única Realidade cujos polos sutis ou grosseiros se revelam complementares?

A questão interessante é: "Como esse Ser que É pode habitar nesse nada"?

Alguns traduzem: Como essa riqueza pode habitar nessa pobreza?

Existe em nós algo do criado e do incriado, de divino e humano. Onde começa um aspecto e onde acaba o outro?

A questão não é por que, mas como?

Como proceder para que eles "sejam Um, como o Pai e eu, somos Um"?

Como realizar essa união de Deus com o homem manifestada em Jesus Cristo, "sem confusão ou separação"?

Como viver as consequências das núpcias teantrópicas entre criado e incriado?

LOGION 30

Disse Jesus:
Onde existem três deuses,
esses são deuses.
Onde estão dois ou um,
eu estou com ele.

(Cf. Mt 18,20; Jo 10,34; 1Jo 5,7-8)

O Evangelho de Mateus coloca na boca de Jesus uma afirmação que lembra este *logion*: "Onde dois ou três estiverem reunidos em meu nome, Eu estarei no meio deles". Onde o amor estiver presente, Deus estará presente. Onde dois ou três estiverem ligados ao Um que os reúne, o Mistério da estreita interconexão de todas as coisas revelar-se-á a eles (cf. a esse propósito, a física quântica). O "Pantocrator", Aquele que mantém juntas todas as coisas, estará presente.

Os solitários do Egito compreenderam essas palavras de forma diferente. Os dois ou três em questão são o coração, o corpo e o espírito. Quando esses três níveis de nosso ser, com os modos de consciência que lhes são próprios, estiverem reunidos, unificados, o Cristo estará realmente presente.

Trata-se de um dos motivos recorrentes do método de oração hesicasta. Reunir os diferentes componentes do ser humano por meio de uma respiração profunda e pela invocação do Nome, a fim de que desça sobre nós a luz do Espírito e todo nosso ser seja transfigurado.

LOGION 31

Disse Jesus:
Ninguém é profeta para seus vizinhos.
Ninguém é médico em sua casa.

(Cf. Lc 4,23-24; Mt 13,57; Mc 6,4; Jo 4,44)

Por que motivo um profeta nunca é bem-recebido em sua terra? Sem dúvida, porque as pessoas julgam conhecê-lo; o som da sua voz já está gasto antes que tome a palavra. Sem dúvida, será necessário que ele venha de outro lugar, que nos prenda por meio de sua novidade para que nos tornemos atentos à verdade que nos transmite.

Talvez, as coisas se passem dessa forma.

O profeta e o médico lembram-se, então, que a graça que passa pela sua boca ou por suas mãos, não vem deles, de sua hereditariedade, das pessoas que os rodeiam, mas sim de Deus; além disso, Deus pode profetizar com uma queixada de burro e curar com um pouco de argila.

Essa atitude de amor humilde é característica do verdadeiro gnóstico: "Depois de teres realizado a não dualidade, vive neste mundo como se fosses um ser normal" (Mandukya Upanishad), "que os outros nem suspeitem quem tu és e em que te tornaste" (Çankara).

LOGION 32

Uma cidade fortificada,
construída sobre uma alta montanha,
nada poderá destruí-la.
Nada poderá ocultá-la.

(Cf. Is 2,2; Mt 5,14; 7,24-25; Ap 14,8; 21,10; Lc 6,47-49)

É conhecida a parábola da casa construída sobre a areia que não tardará a desabar e da casa alicerçada na rocha que resiste aos ventos e à tempestade.

Importância dos alicerces... Serão suficientemente profundos, enraizados? Em qual terra temos nossos alicerces?

Saber se o que está "na base" de nossa vida é sólido.

Trata-se de ser uma cidade fortificada. O simbolismo da cidade indica um esforço de organização, de coerência de todas as avenidas de nosso ser, essa cidade deve ser construída sobre uma alta montanha, da qual há de tirar sua força, sua solidez, assim como sua "visibilidade" que irá transformá-la em um farol que ilumina a planície...

Que espécie de medo poderá ter aquele que construiu sua vida a partir do amor de Deus? Ele repousa sobre as próprias forças da Vida. Nada poderá destruí-lo, nada poderá sufocá-lo. "A luz resplandece nas trevas, mas as trevas não conseguem alcançá-la" (Jo 1,5).

LOGION 33

Disse Jesus:
Aquilo que ouvires com um ouvido,
comunica-o a outro ouvido,
proclama-o sobre os tetos.
Ninguém acende uma lâmpada
para colocá-la debaixo do alqueire
ou em um lugar oculto,
mas há de colocá-la sobre o candelabro
a fim de que, tanto no interior como no exterior,
sua luz possa ser vista.

(Cf. Mt 10,23-27; Lc 12,3; Mt 5,15; Lc 8,16; 11,33; Jo 10,9)

Não é possível tirar o perfume exalado pela rosa. Esta não tem ciúme dos que respiram à sua volta. O caráter próprio da luz é irradiar, mas a preocupação do gnóstico não é tanto desejar irradiar quanto ser luz...

Transmitir a palavra é, em primeiro lugar, encarná-la. O sol não faz proselitismo, mas difunde a luz. O homem bom e verdadeiro não é prosélito, mas transmite o que ele próprio recebeu. Se ele se dá, não é tanto por virtude, mas dar-se faz parte de sua própria natureza. "Ele ama não como eu amo, mas como uma esmeralda é verde, ele é 'eu amo'."

A tentação é colocar essa lâmpada debaixo do alqueire. É interpretar e reduzir essa atitude segundo as categorias do pensamento comum. Mas não é possível ocultar, durante muito tempo, a luz. Como mostra São Serafim de Sarov e toda a tradição dos homens transfigurados, o próprio corpo pode tornar-se "lampadário"; tanto no interior como no exterior, tudo é luz.

LOGION 34

Disse Jesus:
Se um cego conduzir outro cego,
ambos vão cair.

(Cf. Mt 15,14; Lc 6,39; Jo 9,39-41)

Para conduzir alguém, é necessário ver, estar vigilante; caso contrário, efetivamente, o outro é mantido em seu sono e conduzido para a fossa comum.

"Não se pode dar a não ser o que se recebeu", dizia João Batista. Nem mais, nem menos.

Não se trata de se deixar guiar por qualquer um, mas por alguém que tem experiência daquilo que fala. Além disso, é bom desconfiar dos "que dão bons conselhos"... "Aquele que sabe o que é bom para os outros é um ser perigoso", dizia Nisargadatta.

É possível dar testemunho de sua fé, mas esta não pode ser imposta. Esse conhecimento luminoso deve despertar por si mesmo.

"O que é vivo em mim é, também, vivo em ti", é tudo o que se pode dizer.

O verdadeiro mestre não é aquele que fala bem da luz, mas aquele que nos ajuda a abrir os olhos.

Existe também este provérbio que indica perfeitamente o espírito com que deveria ser transmitido o conhecimento: "Dai um peixe a alguém e ele terá o que comer por um dia. Ensinai-lhe, antes, a arte de pescar, e ele nunca mais terá fome!"

LOGION 35

Disse Jesus:
Ninguém poderá entrar na casa do homem forte,
a não ser que lhe amarre as mãos.
Somente depois será possível saquear tudo.

(Cf. Mt 12,29; Mc 3,27; Lc 11,21-22)

Segundo o Evangelho de Tomé, o homem forte é aquele que se tornou "o que é", aquele que está no seu lugar, cumpriu o desígnio de Deus a seu respeito. Para o gnóstico, a fraqueza é sempre não saber o que se é, ignorar o seu ser essencial. O homem recebe a força de sua união com Deus que é "sua cidadela e seu libertador". Aquele de quem recebe a segurança e a liberdade. Não se pode fazer nada contra ele, contra o que ele é profundamente, mas é possível impedir que ele se exprima, que ele se dê. É possível amarrar as mãos ao amor. Isso pode transtornar tudo.

O caráter próprio do amor é dar-se. Se for impedido de proceder assim, sua força poderá enfraquecer. Nessa via, "quem não progride, recua". Ao fogo só resta queimar ainda mais ou esfriar, tornar-se cinza.

É possível amarrar as mãos ao amor, mas não se pode retirar-lhe o coração. Aquele a quem tiverem sido arrancadas as mãos, transmitirá o essencial com o coração. Nesse caso, milhares de braços erguer-se-ão, outras mãos hão de executar sua obra...

LOGION 36

Disse Jesus:
Não vos preocupeis, da manhã até a noite,
nem da noite até a manhã,
com o que vestireis.

(Cf. Mt 6,25-33; Lc 12,22-31; Ex 27,21; Lv 24,3; Nm 9,21)

Trata-se de um motivo recorrente que volta, incessantemente, nos evangelhos: não se preocupar! – seja a propósito da alimentação, das roupas ou ainda "do que iremos dizer quando formos conduzidos perante os juízes". Deve-se procurar, em primeiro lugar, o Reino do Espírito em nós, e, então, em sua verdade luminosa, tudo será dado em abundância.

Em geral, a "preocupação" está associada ao medo, sinal de uma falta de segurança ou paz interior. Preocupar-se demais, inclusive por causas nobres, é também sintoma de orgulho; levamos as coisas demasiadamente a sério; consideramo-nos como a causa primeira de tudo o que nos pode acontecer quando, afinal, "é Ele quem age", "nele temos a Vida, o Movimento e o Ser".

Lembremo-nos da fioretti do Papa João XXIII, na qual é mencionada a noite em que ele estava preocupado com a Igreja – sem dúvida, tinha motivo para isso! Então, o Cristo apareceu-lhe e lhe disse: "João, o chefe da Igreja és tu ou sou Eu... Quem conduz o barco...? Nesse caso, trabalha o melhor possível e não te preocupes".

Não se preocupar não é sinônimo de indiferença ou de uma atitude irresponsável. Devemos fazer tudo o que estiver em nosso poder e o melhor possível, mas o resultado de nossas ações não depende de nós, como diz também a *Bhagavad-Gita*: "Tens direito à ação, mas não aos frutos do ato".

Ou ainda Inácio de Loyola, que resume perfeitamente a atitude justa: "Em todas as coisas, procede como se tudo dependesse somente de ti e, em todas as coisas, procede como se o resultado de tudo o que fazes dependesse unicamente de Deus".

Não se preocupar é, igualmente, viver no presente. "Não vos preocupeis, da manhã até a noite e da noite até a manhã"; "A cada dia basta seu fardo"; "Quem de vós, com vossa preocupação, pode acrescentar um só côvado à duração da vida?"

O caráter próprio do amor é viver no presente. Se dizemos: "Eu amei ou eu amarei", isso significa que não amamos.

Viver no presente, instante a instante, revela-nos o segredo da presença. Tal atitude exige uma grande força de atenção e uma grande qualidade de alma, mas é também uma grande fonte de felicidade. Nossa energia já não se encontra dispersa no ontem ou no amanhã. Então, é possível viver intensamente com o que está "à nossa frente".

Nesse caso, constituímos um com a espontaneidade da vida que passa de uma forma para outra, de uma roupagem para outra, sem perdermos nossa identidade.

Não nos preocuparmos com que havemos de vestir é não nos preocuparmos com a forma que assumirá a vida em nós. Nossa ascese é sermos fiéis e justos em cada instante.

LOGION 37

Os discípulos perguntaram:
Em que dia será tua manifestação?
Em que dia teremos nossa visão?
Respondeu Jesus:
No dia em que estiverdes nus
como crianças recém-nascidas
que andam por cima de suas roupas,
então, vereis o Filho do Vivente.
E deixareis de ter medo.

(Cf. Gn 2,25; 3,7; Mt 14,26-27; 16,16; 18,3; Mc 6,48-50; 10,15; Jo 6,19-20; 14,22; Hb 4,13; 1Jo 3,2; Jo 3,3)

As roupas simbolizam todas as "sobreposições" com as quais encobrimos nosso ser essencial, todas as "identificações" com um papel, uma situação, uma ideia que nos levam a esquecer nossa nudez.

O Evangelho nos convida à nudez: ficar nu, ser nada, ser novo como o recém-nascido, sem roupa, sem preconceitos, reencontrar a inocência que permite ver o Vivente. Não havendo qualquer projeção no momento presente nem do passado nem do futuro, onde estaria o medo?

Além disso, despir-se, ficar nu é estar pronto para o amplexo amoroso. É acreditar que o amor nos espera. Os priscilianistas ficavam nus para rezar.

Nos Atos de Tomé, a jovem esposa que representa a humanidade, afirma: "Daqui em diante, já não me cobrirei porque o espelho da vergonha está longe de mim... Desde agora, deixei de sentir vergonha e medo..." E o que é esse espelho da vergonha, senão o olhar dos perversos e dos *voyeurs*?

Nos *Libri graduam* (col. 341-1), Adão e Eva aparecem nus como crianças de peito, como meninos, não sentem vergonha; de novo, é o convite para nos tornarmos como crianças.

No entanto, para os gnósticos, a nudez vai ainda mais longe: trata-se de se desidentificar, inclusive, em relação ao corpo. É a lembrança de que nossa essência é incriada e que todo apego patológico ao domínio espaçotemporal é ainda uma forma de idolatria: "Despojar-me-ei do corpo terrestre!... despir-me-ei do cosmos e da semelhança com os cinco astros: destruirei a cilada dos Arcontes que transporto e resplandecerei na lembrança do Paráclito!... Jogaste para o chão a vestimenta da enfermidade; pisoteaste o orgulho enganador e cruel... eu abandonei a vã vestimenta desta carne..." (*Psautier manichéen*, p. 59-99).

O mais belo eco deste *logion* 37 é, talvez, o texto de um autor contemporâneo, Jacques Lacarrière, em sua "Sura do Vazio"[5].

> Desaprender. Descondicionar seu nascimento.
> Esquecer seu nome. Ficar nu.
>
> Despojar-se das roupas usadas. Despir sua memória.
> Desmoldar suas máscaras.
>
> Rasgar seus deveres. Desfazer suas certezas.
> Desentulhar suas dúvidas. Desmantelar seu ser.
>
> Desbatizar sua fonte. Desencaminhar seus caminhos
> Desfolhar seus desejos. Desencarnar suas paixões.
>
> Dessacralizar os profetas. Desmonetizar o futuro.
> Desconcertar o antanho. Desencorajar o tempo.
>
> Frustrar a desrazão. Desflorar o delírio.
> Descaracterizar o sagrado. Desembriagar a vertigem.
>
> Desfigurar Narciso. Soltar Galaad.
> Descoroar Moloch. Destronar Leviatã.
>
> Desmistificar o sangue. Descompor o chefe.
> Deserdar o antepassado.
>
> Desentulhai vossa alma. Desfracassai vossos fracassos.
> Desencantai o desespero. Desencadeai a esperança.
>
> Soltai a loucura. Neutralizai vossos medos.

---

5. In: *Sourates*, Fayard.

Desamarrai vossos corações. Desesperai a Morte.

Desnaturai o inato. Desincrustai o adquirido.
Desaprendei-vos. Ficai nus.

LOGION 38

Disse Jesus:
Muitas vezes, desejastes ouvir
as palavras que vos digo agora.
Ninguém mais poderá dizê-las
e virão dias
em que me procurareis
e não me encontrareis.

(Cf. Mt 9,15; 13,17; 23,29; Mc 2,20; Lc 5,35; 10,24; Jo 7,33-34; 8,21; 13,33; 16,16)

Fazendo eco à parte inicial deste *logion*, nos Atos de João (98), o Salvador declara ao apóstolo no Monte das Oliveiras – no momento da crucifixão – que irá revelar a cruz de luz. "João, é necessário que alguém ouça isso de mim, porque tenho necessidade de alguém que ouça isso."

Segundo o *Psautier manichéen* (p. 187,27-29), o Salvador teria ensinado este *logion* para que os Onze tivessem realmente a prova de que é o Cristo quem os chama. Maria Madalena irá evocar uma afirmação de Jesus: "Lembra-te do que te dizia a meu respeito no Monte das Oliveiras: tenho algo a dizer, mas não há ninguém a quem dizê-lo".

O *logion* continua: "Virão dias em que me procurareis e não me encontrareis".

O Cristo está Vivo. Por que procurá-lo entre os mortos? Cada instante é o momento favorável. Cada dia é o dia da salvação. Cada instante é a ocasião do encontro. Amanhã, será tarde demais. Não deixar para amanhã... nem a alegria, nem o amor. Aqui e agora é o Reino, a Presença. Onde procurar a Presença do Vivente a não ser no presente?

"Que me importa, dizia Angelus Silesius, que o Cristo tenha nascido ontem em Belém, se não nascer, hoje, em mim?" Que me importa que venha amanhã, se meu coração, hoje, não está pronto para recebê-lo?...

LOGION 39

Disse Jesus:
Os fariseus e os escribas
receberam as chaves do conhecimento
e as esconderam.
Além de não entrarem,
impedem a entrada
daqueles que desejam entrar.
Quanto a vós, permanecei atentos como a serpente
e simples como a pomba.

(Cf. Mt 23,13; Lc 11,52; Mt 10,16)

Nos evangelhos, Jesus tanto se mostra "manso e humilde de coração" com os que sofrem ou pecaram quanto se mostra violento contra aqueles que pretendem guiar e ensinar os outros, impondo-lhes leis que eles próprios não praticam. A hipocrisia dos escribas e fariseus continua atual... No entanto, estes receberam as chaves. Receberam a letra, a Palavra, os livros sagrados. Receberam a boa-nova do Amor de Deus por todos os homens e seu convite inaudito para a liberdade.

Mas, como mostra perfeitamente Dostoievski, o grande inquisidor está vigilante (ora, o grande inquisidor está em cada um de nós). Dirige-se ao Cristo, assim: "Revelaste aos homens uma liberdade grande demais. Eles estão infelizes. Não sabem o que fazer com isso. Quanto a nós, ensinamo-lhes o que é bem e o que é mal. Dissemo-lhes o que devem fazer... São, talvez, menos livres, mas muito mais felizes".

Na voz do grande inquisidor, reconhece-se a voz de todos os regimes totalitários que pretendem dar a felicidade ao homem, sem que este participe dela com sua liberdade... Os escribas e fariseus receberam as chaves do conhecimento, mas não desejam servir-se delas para abrir a porta para todos os homens. Guardam para si mesmos o tesouro das palavras evangélicas ou – o que é mais grave – reduzem-nas, limitando-se a dar-lhes um sentido vulgar ou grosseiro. Não foram os "hermeneutas" da Palavra. Ensinaram a letra que mata e esqueceram o Espírito que vivifica.

Orígenes já se queixava do fato de que já não era ensinado o sentido espiritual das Escrituras; além disso, os padres já não se dedicavam ao trabalho de hermeneutas: "Eles distribuem as nozes, sem quebrar a casca e as crianças acabam quebrando os dentes. Não penetraram na amêndoa – no núcleo da mensagem".

Assim, foi perdido o sentido da iniciação ou da passagem. A arte do hermeneuta é fazer "passar" de um plano de consciência para outro até alcançar o Espírito segundo o qual esta Palavra foi pronunciada.

Em geral, os Padres da Igreja distinguem vários níveis de interpretação das Escrituras:

– nível carnal, histórico;

– nível psíquico, ético;

– nível espiritual, ontológico.

Trata-se de passar de um nível para outro, sem negar nenhum deles.

Por exemplo, pode-se ler o Cântico dos Cânticos como o romance de amor entre um pastor e uma pastora, ou como a história simbólica das relações de Deus com Israel ou da Igreja com Cristo, ou ainda como a narração das aventuras da alma com Deus, descrição mística da união do criado com o incriado (São Gregório de Nissa e, mais tarde, São João da Cruz).

Essa hermenêutica, respeitadora dos diferentes níveis de significação em que podem ser entendidas as Escrituras, continua sendo pouco praticada atualmente, como também o era no tempo de Jesus. A Torá tornara-se uma lei que aprisiona e culpabiliza em vez de ser uma lei de liberdade que preserva o homem do que há de pior e destruidor nele e no mundo.

Jesus critica, igualmente, os escribas e os fariseus pelo fato de "se servirem" da Palavra, em vez de estar a seu serviço. Com efeito, é possível alguém se servir das Escrituras para afirmar seu poder, para dominar os outros. Sem dúvida, esse é o poder mais perigoso e mais perverso porque, ao pretender falar em nome de Deus, introduz-se na consciência do outro com a pretensão de dirigi-la. A Palavra de Deus não dá qualquer poder, a não ser o de amar e servir ainda mais.

O conhecimento comunicado pelos textos sagrados é feito de atenção e simplicidade, como indica a parte final do *logion*: "Quanto a vós, permanecei atentos como a serpente e simples como a pomba!" O gnóstico não é um homem que possui um saber particular, mas sim um homem simples com coração inocente, sem preocupação consigo, atento ao que está à sua frente. A gnose comunicada por Jesus desenvolve no homem uma atitude meditativa diante do que é, uma atitude não dual, não raciocinante, sem projeção ou julgamento. Trata-se de "ver" simplesmente.

Também é bom observar que Jesus pede aos discípulos para serem semelhantes à serpente e à pomba. A serpente rasteja na terra, enquanto a pomba se eleva no céu... É uma questão de saber manter-se ao nível da terra, sem perder seu élan em direção ao céu. Manter juntas as qualidades desses dois animais é, uma vez mais, unir os contrários. Manter juntos a terra e o céu.

LOGION 40

Disse Jesus:
A videira que for plantada fora do Pai
não será vivificada.
Será arrancada pela raiz
e morrerá.

(Cf. Pr 12,3-12; 15,6; Is 5,1-6; Jr 2,21; 17,5; Ez 19,10-14; Dn 4,14; Mt 3,10; 7,19; 15,13; 21,29; Mc 11,13-14; Lc 13,6-9; Jo 15,1-2.5-6; Cl 2,7)

O Evangelho lembra-nos a importância das raízes, a importância do enraizamento. Estar plantado no Pai é estar enraizado na verdadeira origem de tudo o que existe. Fora dele, é estar cortado da Fonte e a água – inclusive, a mais pura – cortada da nascente, não tardará a corromper-se. Essa é a sorte reservada também aos sarmentos separados da videira, referidos por São João: "Ficarão secos".

Essa parábola da videira e dos sarmentos é, além disso, uma linda imagem da unidade que reúne os crentes. Trata-se de uma unidade interior, uma unidade de seiva. No encontro das Igrejas ou tradições religiosas, nunca será possível realizar a unidade do exterior, da mesma forma que não se pode colar dois ramos da mesma árvore sem os quebrar. O que os mantém juntos só poderá ser um vínculo artificial que sublinha ainda mais sua alteridade. Mas se dois ramos da mesma árvore deixassem de procurar a unidade, talvez, viessem a descobri-la – já presente, silenciosa, na serenidade viva de suas seivas.

LOGION 41

Disse Jesus:
Àquele que tem alguma coisa na mão,
será dado.
E àquele que não tem,
mesmo o pouco que tem,
lhe será tirado.

(Cf. Mt 13,12; 25,29; Mc 4,25; Lc 8,18; 19,26)

Este *logion* encontra-se nos outros evangelhos, na sequência da parábola dos talentos; e trata-se da mesma conclusão que, à primeira vista, pode parecer injusta e escandalosa: "Àquele que tem, será dado; e àquele que não tem, até mesmo o que tem, lhe será tirado".

Eis uma evocação da exigência de frutificação que está inscrita no Evangelho como uma lei fundamental: "Quanto mais se dá, mais se recebe".

Assim, o que se trata de "ter" na mão é a capacidade do dom. Outros dizem: "É o amor e o conhecimento", é a gnose. Sem esse amor e sem esse conhecimento, ser-nos-á tirada toda compreensão do mundo. Sem esse amor, nada tem gosto, nem interesse. Nada é fonte de admiração e de revelação. O que julgamos ter, saber, poder, tem um gosto de cinzas, acabamos sentindo sua precariedade. O que é que não nos será tirado?

LOGION 42

Disse Jesus:
Sede passantes.

(Cf. Jo 13,1; 1Cor 4,11; 7,31; Hb 11,9.29.37)

No cristianismo, o tema da Passagem ou da Páscoa (*Peschar*, a Páscoa, em hebreu, significa passagem) é importante. Somos peregrinos e transeuntes na terra. Estamos de passagem... não se constrói uma casa no caminho ou em cima de uma ponte. Temos de passar. Os anos passam. Tudo passa. Haverá algo que não passe?

Psicologicamente, um sinal de saúde é o fato de alguém se considerar como "passante": é a realidade. Saber que um sofrimento intolerável "passará", acaba por torná-lo mais suportável. Saber que um prazer fascinante "passará", torna-nos mais livres em relação ao mesmo e menos tristes quando ele se afastar.

É conhecida a história do rei que, em uma noite, sonhou que possuía um maravilhoso anel. Quando estava deprimido, se sentia infeliz, bastava olhar para ele para sentir uma grande calma. Quando estava entusiasmado ou vivia um júbilo intempestivo, de novo, bastava olhar para o anel para sentir uma grande calma, sua alegria tornava-se tranquila. De manhã, ao despertar, o rei pediu aos servidores para confeccionarem tal anel ou encontrarem um semelhante em algum lugar do seu reino...

Depois de muitas buscas, os servidores encontraram, enfim, esse anel no dedo de uma mulher idosa que, exteriormente, não tinha nada de "extraordinário". Ela era simplesmente serena. De bom grado, deu o anel ao rei. O efeito mágico ou maravilhoso foi imediato. Alguns dias depois, parecia que o rei tinha deixado as manifestações maníaco-depressivas, essa sequência sem fim de períodos de exaltação e depressão. Para além do riso e das lágrimas, ele descobria a grandeza e a beleza do sorriso.

No interior do anel, em letras douradas, estava escrito somente o seguinte: "Isso também passará!"

É bom lembrar-se dessa pequena frase quando se está em um leito de hospital: "Isso também passará", ou quando a felicidade é tão grande que se tem dificuldade em deixar o amplexo amoroso: "Isso também passará!"

Impedir que passe o fluxo e o refluxo da vida é exatamente isso que causa o sofrimento. Deixar passar o que passa. Permanecer no que permanece.

"Sede passantes"! É também estar a caminho para a outra margem, passar das trevas para a luz, deste "mundo" para o Pai, dizia Jesus. Passar do que passa para o que não passa, despertar para a vida não gerada, ressuscitada, para a outra margem de si mesmo. Dizia-se de São Bernardo que ele tinha o rosto de alguém que vai em direção de Jerusalém, o rosto de um transeunte, com o olhar terrivelmente atento.

Um passante vê todas as coisas pela primeira e última vez. Não há de se voltar para trás. Saboreia cada instante como o próprio lugar da passagem para o eterno presente.

Descoberta no início do século, esculpida em caracteres árabes no pórtico da antiga cidade Fateh-pur-Sikri, construída no sul de Déli pelo Grão-Mogol Akbar, o Justo, pode-se ler este eco de nosso *logion*:

> "Jesus, a Paz esteja com Ele, disse:
> O mundo é uma ponte
> – passa por cima,
> mas não estabeleças aí tua morada".

Estas palavras, atribuídas sempre a Jesus, são citadas por vários autores muçulmanos, entre os quais Al-Ghazali (1059-1111).

LOGION 43

Os discípulos perguntaram-lhe:
Quem és tu? Tu que nos dizes estas coisas?
Pelas coisas que vos digo,
não conheceis quem eu sou?
Com efeito, tornastes-vos como os judeus:
eles gostam da árvore,
mas detestam o fruto.
E gostam do fruto,
mas detestam a árvore.

(Cf. Mt 11,2; Jo 8,25; 14,8; Lc 6,43-44)

No Evangelho de João, os fariseus perguntam a Jesus: "Quem és tu?" Jesus reponde: "Aquilo que venho dizendo desde o começo".

O ensinamento de Jesus é parecido ao dos fariseus, mas a diferença é que "estes dizem, mas não fazem"; quanto a Ele, o que diz, faz, é. Não existe dualidade ou contradição entre a palavra e os atos, mas total transparência.

Escutá-lo, ouvir sua palavra, meditá-la, é ter acesso ao próprio mistério de seu Ser. A informação criadora que fala por sua boca e age em cada um de seus gestos é um.

A parte final do *logion* lembra-nos que o fruto e a árvore são um e que não é possível ver florescer rosas em um marmeleiro. O que diz Jesus é o fruto da Torá. É a plena realização da Lei e dos profetas. É o fruto amadurecido de Israel, mas os fariseus judeus, que gostam da árvore, detestam o fruto (Jesus), enquanto os fariseus cristãos, que gostam do fruto, detestam a árvore (o judaísmo).

No dia em que o judaísmo e o cristianismo deixarem de se guerrear, no dia em que a árvore tiver orgulho de seu fruto e em que o fruto abençoar todas as raízes de sua árvore, brilhará um clarão de paraíso... Quando os dois se tomarem um, será possível compreender o que é a árvore da vida...

LOGION 44

Disse Jesus:
Aquele que blasfemar contra o Pai,
será perdoado,
e aquele que blasfemar contra o Filho,
também será perdoado.
Mas aquele que blasfemar contra o Espírito Santo,
não será perdoado,
seja na terra ou no céu.

(Cf. Mt 12,31-32; Mc 3,28-29; Lc 12,10; Mt 6,10)

É possível ter falta de inteligência, ser incapaz de elevar-se dos efeitos diversificados da criação até chegar a uma "causa primeira": é possível não reconhecer o Pai. Também é possível ter falta de coração, não ficar maravilhado com o amor e a beleza de um homem, é possível não ficar admirado com a paciência de tal pessoa e com a misericórdia de uma outra: é possível não reconhecer o Filho... Mas não reconhecer o Espírito, o Sopro, a própria Vida de nossa vida é mais grave, é negar-se a si mesmo.

Este *logion* lembra-nos, de passagem, a grandeza da visão de Deus como Unidade-Trindade. O Pai é o Ser percebido como Transcendência, como a pura Alteridade. O Filho é o Ser percebido em seu caráter imanente, presente na elevação de todas as coisas para o seu fim. O Espírito é o vínculo entre a Transcendência e a Imanência.

Onde falta o Espírito, a pessoa fica confinada em religiões da transcendência; nesse caso, Deus permanece um desconhecido, um inacessível. Como faz o poeta Prévert, pode-se blasfemar e dizer: "Pai nosso que estais no céu, ficai aí..."

Se existe apenas o Filho, a pessoa fica, igualmente, confinada em uma religião da imanência; nesse caso, o homem torna-se um deus para o homem. Basta-se e fecha-se em si mesmo, sem abertura para o transcendente.

O Espírito Santo preserva, ao mesmo tempo, a Transcendência de Deus e o realismo da experiência imanente. Blasfemar contra o Espírito é negar a possibilidade da divinização, isto é, do vínculo entre a Transcendência e a Imanência. É negar a União e a Unidade do Pai com o Filho.

Por que não haverá perdão para aquele que blasfemar contra o Espírito Santo? "Deus pode fazer tudo, dizem-nos os Padres da Igreja, salvo forçar o homem a amá-lo". Deus nada pode contra aquele que queima a ponte que lhe era oferecida e que estabelecia a ligação entre as duas margens.

Recusar o Espírito Santo é recusar essa possibilidade da União do homem com Deus. É recusar a graça continuamente oferecida da União de Deus com o homem, é fechar-se em si mesmo.

Se existe inferno é porque Deus é Amor e porque o homem é liberdade... este é capaz de dizer não, e o Amor não pode forçar uma porta que se fecha. Deixaria de ser Amor.

LOGION 45

Disse Jesus:
Não se colhem uvas dos espinheiros.
Nem se colhem figos dos cardos,
estes não produzem frutos.
No íntimo de seu coração, o homem bom
produz a bondade.
No íntimo de seu coração, o homem perverso
produz a perversidade.
O que se manifesta
é o que transborda do coração.

(Cf. Mt 7,16-18; 12,33-35; Lc 6,43-45; Gl 5,19-23)

"Por seus frutos os conhecereis", tal é o discernimento proposto por Cristo.

Na Epístola aos Gálatas, São Paulo comenta este *logion* com profusão, estabelecendo uma oposição entre os frutos do Espírito e os frutos da carne, sendo que "a carne" é entendida aqui – como a palavra "mundo", em São João – no sentido de humanidade que se basta a si mesma e recusa a graça: "Se vos guiais pelo Espírito, não estais sob a Lei.

Ora, as obras da carne são manifestas, a saber: prostituição, impureza, libertinagem, idolatria, feitiçaria, ódios, discórdias, ciúmes, iras, rixas, dissensões, divisões, invejas, bebedeiras, orgias e outras como estas... Quanto aos frutos do Espírito, são: caridade, alegria, paz, longaminidade, afabilidade, bondade, fidelidade, mansidão, continência; contra estes, não há lei".

O fruto revela a natureza da árvore; as palavras, os atos de um homem revelam o íntimo de seu coração, o espírito que o habita.

LOGION 46

Disse Jesus:
Desde Adão até João Batista,
entre os nascidos de mulher,
nenhum foi maior do que João Batista.
De modo que seus olhos não serão destruídos.
Eu, porém, disse:
Aquele dentre vós que se tornar pequeno
conhecerá o Reino e será maior do que João.

(Cf. Mt 11,11; Lc 7,28; Mt 13,11; Lc 10,11; Rm 5,14)

Na Tradição, João Batista desempenha um papel importante. É o arquétipo do precursor, do amigo do Esposo. É ele quem prepara o caminho. É o "cantoneiro do Cristo"... "aplanar o que é elevado, endireitar o que está curvado, colmatar o que está rebaixado, preparar uma estrada plana para o Senhor". Seu trabalho tem como objetivo superar os obstáculos, nos apaziguar. Representa, assim, o verdadeiro trabalho de ascese – abaixar o que há em nós de orgulho, endireitar o que há de distorcido ou tortuoso no coração. Não mais permitir que nos deixemos levar pela nossa tendência para a depressão ou desespero, reencontrar nossa verdadeira natureza na qual a graça pode se encarnar e fazer com que se torne irradiante.

Esse precursor pode assumir diferentes facetas. Para chegar ao encontro com o Cristo ou à experiência da Luz incriada, alguns servem-se do estudo da ciência ou da filosofia, outros servem-se da arte ou de um encontro amoroso, de um poema ou de um texto sagrado. Todos nós temos conhecido esses "sinais precursores" da iluminação, mas não se pode ficar nisso. Da mesma forma que, nos evangelhos, nos é dito que muitos se interrogavam se João Batista não seria o Cristo, podemos nos interrogar se a ciência, a psicanálise, tal forma de arte ou de encontro, se isso não é a verdade, a salvação... mas o menor cedro é sempre maior do que a videira mais alta. Tendo chegado ao cume da montanha, encontramo-nos sempre embaixo: o céu é de outra natureza. Tendo chegado ao topo de nossa experiência ou de nosso conhecimento, estamos sempre "embaixo" em relação a essa outra natureza, a esse Desconhecido, a essa consciência que é de outra ordem, não mais do criado, mas do Incriado.

"O menor no Reino é maior do que João" e, no entanto, "seus olhos não serão destruídos", sua visão é justa. É necessário respeitá-la, mas também reconhecer que ela é insuficiente para apreender essa nova dimensão.

O próprio João Batista chega a dizer isso: "É necessário que Ele cresça e que eu diminua".

Uma vez que despertou em nós essa nova consciência do Ser, é necessário que o Si-mesmo cresça e que o ego diminua. Segundo Jung, essa é a lei do processo de individuação.

Deixar um lugar cada vez maior para o Cristo a fim de que já não seja "eu que vivo, mas o Cristo que vive em mim". Isso se torna visível, no dia a dia, quando se coloca um pouco mais de luz e de paz nas nossas vidas.

LOGION 47

Disse Jesus:
Não é possível
que um homem possa montar em dois cavalos,
ou retesar dois arcos.
Não é possível que um servo
sirva a dois senhores;
nesse caso, honrará um e desprezará o outro.
Nenhum homem bebe vinho velho
e deseja, logo, beber vinho novo.
Não se deita vinho novo
em odres velhos
para não acontecer que estes arrebentem,
nem se deita vinho velho
em odres novos
para que estes não o estraguem.
Não se costura um remendo velho
em vestido novo.
Isso provocaria um rasgão.

(Cf. Mt 6,24; Lc 16,13; Jo 2,10; Mt 9,17; Lc 5,37-38; Mc 2,21; Lc 5,36)

Segundo a interpretação habitual deste *logion*, não é possível servir a dois senhores: portanto, é necessário escolher um ou outro.

Os evangelhos canônicos indicam com precisão: vós não podeis servir a dois senhores; é necessário escolher, Deus ou as riquezas. Se gostais das riquezas, haveis de detestar Deus. Se amais a Deus, deveis detestar as riquezas. Essa interpretação criou muitas discórdias e problemas. Confina o homem na dualidade com todos os riscos de um retorno do recalcado. João Cassiano conta-nos a história do monge que, depois de ter escolhido Deus e renunciado a grandes riquezas, apega-se a uma borracha e isso é mais forte do que ele: em nenhum caso, consente em emprestá-la... Mais tarde, São João da Cruz observará que o pássaro, independentemente de estar preso por uma corrente ou por um simples fio, continua impedido de voar...

Como sair desse dilema, dessa dualidade: uma coisa ou outra...?

Jesus parece nos dizer que, efetivamente, não é possível viver na dualidade. É insuportável, não é possível amar e odiar ao mesmo tempo. Não é possível, ao mesmo tempo, amar a Deus e odiar as riquezas. Trata-se, antes, de colocar cada coisa no seu lugar, na sua ordem, "dar a César o que é de César e a Deus o que é de Deus".

Ora, inclusive César pertence a Deus, assim como o dinheiro, esse meio de comunicação mais ou menos bem-utilizado. Acontece que não se pode ficar sob seu domínio, tampouco idolatrar essas criaturas; pelo contrário, deve-se adorar unicamente a Deus.

Assim, não podemos viver opondo uma coisa à outra, escolhendo uma contra à outra. A dualidade é insuportável e implica fenômenos de compensação que são sobejamente conhecidos pelos psicólogos. É necessário escolher uma coisa e outra, estar na não dualidade, porque não é possível, com o mesmo coração, adorar e desprezar. É necessário reconhecer o Um através dos dois, o único Mestre que nos guia através das formas diversas. Da mesma forma, não é possível beber, ao mesmo tempo, vinho velho e vinho novo; acabariam por se estragar um ao outro. O vinho velho é bom, assim como o vinho novo. Não se deve opor um contra o outro, assim como não se deve misturá-los.

A Tradição é boa, a novidade é boa. Não se trata de reduzir uma à outra; tal postura criaria confusão. "É necessário respeitar isto, sem omitir aquilo", diz outra passagem dos evangelhos, como duas flores com idade e cor diferentes podem estar juntas no mesmo ramalhete, sem que uma ganhe maior destaque em relação à outra.

No entanto, não se deita vinho novo em odres velhos para não acontecer que estes arrebentem. Os que preparam as uvas sabem que, pelo fato de fermentar, o vinho novo pode arrebentar os odres velhos. Alguns dirão que o vinho novo do Espírito não pode manter-se nesses odres velhos que são as Igrejas, as

Instituições, da mesma forma que o vinho novo do Evangelho acabou detonando a lei e a sinagoga.

É verdade. Sem dúvida, é necessário encontrar formas mais bem-adaptadas à inspiração que se manifesta no tempo presente, sem pretender enquadrá-las, a qualquer preço, nas tradições do passado. Tal situação leva, por vezes, a horríveis misturas quando, afinal, cada uma dessas formas têm a sua coerência interna e sua própria beleza. De novo, não se deve opor isto a aquilo, mas respeitar o vinho novo. Não ter medo das palavras novas que, hoje em dia, nos são dirigidas e respeitar o vinho velho, as tradições antigas, com a qualidade de inspiração que conseguiram conservar através dos ritos e das formas autênticas.

No nível da experiência interior, encontra-se, igualmente, a veracidade dessas palavras. Quando se fez a experiência do Incriado, dessa nova consciência, infinita liberdade que nos habita, não se deve procurar interpretar essa experiência segundo as categorias de nosso pensamento ou de nossa lógica habitual, ao mesmo tempo que respeitamos a eficácia que possam ter "na sua ordem".

Essa parábola aplica-se, também, à ciência contemporânea. Não é possível reduzir às categorias e à lógica da física newtoniana, por exemplo, as recentes descobertas da física quântica que obedecem a uma outra lógica. Existe descontinuidade, mas não oposição, em relação às descobertas científicas, assim como em relação aos estados de consciência.

O Evangelho ainda nos diz que o homem sábio sabe tirar de seu tesouro coisas velhas e coisas novas... Além de respeitar as tradições, ele não se fecha à novidade do Espírito. Sejam quais forem os odres, o importante para ele é que o vinho seja bom; nesse caso, procura a forma adaptada e justa para que nada se estrague e seja preservada "a sóbria embriaguez".

LOGION 48

Disse Jesus:
*Se duas pessoas fazem a paz
na mesma casa,
dirão a uma montanha: "afasta-te"
e ela afastar-se-á.*

(Cf. Mt 17,20; 18,19-20; 21,21; Mc 11,22-23; Mt 12,25; Mc 3,25; Lc 17,6; 1Cor 13,2)

Eis o poder da paz, da unidade!

Que se pode fazer contra um homem tranquilo, unificado?

Que se pode fazer contra duas ou três pessoas bem harmonizadas?

As montanhas, as dificuldades afastam-se. É como se tivessem o apoio de toda a natureza, do Um que se manifesta em sua harmonia.

Antes de desejar levar a paz para a casa dos outros, é necessário começar em sua "casa", fazer a paz com as partes "inimigas" de si mesmo, seja o instinto, a emoção ou o intelecto. Enquanto houver divisão em nós mesmos, não será que os obstáculos que encontramos são a expressão de nosso próprio caos?

"Encontra a paz interior, dizia São Serafim de Sarov, e uma multidão será salva ao teu lado." Um homem tranquilo, um homem feliz, é fonte de paz e de felicidade para toda a humanidade. O que não fariam dois ou três?!

Para Clemente de Alexandria, "transportar" montanhas significa nivelar as desigualdades entre os homens, tornar possível o encontro (cf. *Stromata* II, 11 etc.); a Paz permite que a Unidade de todos os seres se manifeste no momento em que o temor ou a cobiça erguem montanhas entre eles...

Nos evangelhos canônicos, é a "fé que transporta montanhas". Ora, o que é a fé senão a unidade da inteligência com o coração? A paz realizada entre esses "dois" que, muitas vezes, opõem-se na mesma casa: o discernimento e a afetividade?

A fé é, indissociavelmente, um movimento da inteligência para a verdade e um ato de confiança. A fé é aderir com todo o seu ser ao que é reconhecido como verdadeiro e justo. Essa adesão íntima e total implica uma grande potência, assim como uma grande lucidez: "Vai além da razão, mas não contra a razão". E o que tinha a aparência de montanha revela-se, à luz dessa força clarividente e viva, um simples ninho de toupeira...

LOGION 49

Disse Jesus:
Felizes sois vós, os unificados e os eleitos,
porque encontrareis o Reino:
de fato, dele viestes
e para ele voltareis.

(Cf. Jo 8,42; 16,27-28)

Felizes os *monachós*, que traduzimos por "unificados", em vez de "monges" ou "solitários".

A solidão nada mais é do que a condição dessa unificação de todo o ser pela qual o homem se torna *monos*, Um, à imagem do Único. Esse *monachós* está, ao mesmo tempo, "separado de todos e unido a todos", como afirma Evágrio Pôntico. A solidão leva-o ao âmago do mundo. Ele intercede pela salvação de todos os homens. Procura e encontra Aquele que reina em tudo e em todos; nele está a Raiz, nele está o Fim.

Ser eleito, de novo, é abrir-se a essa grande vaga da vida que nos atravessa, da cabeça aos pés, do começo ao termo. Ser Um com o Alfa e o Ômega.

LOGION 50

Disse Jesus:
Se vos perguntarem: Donde sois?
Respondei:
Nós nascemos da Luz,
do lugar onde a Luz se faz a si mesma,
ela se mantém ereta
e se manifesta em sua própria imagem.
Se vos perguntarem: Quem sois?
Respondei:
Nós somos seus filhos
e os bem-amados do Pai, o Vivente.
Se vos perguntarem:
Qual é o sinal de vosso Pai que está em vós?
Dizei:
É o movimento e o repouso.

(Cf. Mt 21,3;Lc 17,10; Jo 3,8; 8,14; Lc 16,8; Jo 12,36; Ef 5,8; 1Ts 5,5; Rm 9,26; Lc 21,7)

A gnose é uma experiência de luz, conforme revelação do monge Serafim ao filósofo Motovilov no momento em que este o visita no eremitério. Não é um discurso sobre a luz, mas sim uma participação em sua irradiação incriada.

Para Gregório Palamas e os monges do Monte Athos, a finalidade da vida cristã é essa experiência da luz incriada, aquela que brilhou na Sarça Ardente, no Monte Tabor e no Dia da Ressurreição. "Ela se mantém ereta", de pé, em conformidade com a postura assumida nas grandes solenidades. "A luz que brilha para além deste céu, para além de tudo, nos mundos mais elevados, além dos quais não existem outros mais elevados, é, na verdade, a mesma luz que brilha no interior do homem" (Chandogya Upanishad III, 13,7).

Assim, à tríplice pergunta: "Donde vimos, quem somos, para onde vamos?" deve-se responder, sem qualquer hesitação:

venho da luz, sou luz, volto para a luz. É a própria verdade do Filho Vivo em nós. É a Realidade que permanece no meio da roupagem variável das aparências.

O sinal de nosso vínculo com essa Realidade luminosa: "é o movimento e o repouso". É a unificação dos contrários, a unidade da ação com a contemplação, a tranquilidade nos atos e o repouso eficaz.

LOGION 51

Seus discípulos perguntaram-lhe:
Em que dia chegará o repouso dos que estão mortos?
E em que dia virá o mundo novo?
Ele lhes respondeu:
Aquilo que esperais, já veio,
mas vós não o conheceis.

(Cf. Mt 24,42; Lc 17,20-21; Jo 5,25; At 14,13; Rm 8,19; Nm 11,10)

Encontramos um eco deste *logion* no *Tratado da Ressurreição*: "Foge das divisões e dos vínculos, e já estás na Ressurreição... Por que já não te consideras como ressuscitado?"

Aquilo que esperamos, aquilo que procuramos, o repouso, a plenitude, já estão aí. O Ser não está alhures, no amanhã, mas sim aqui e agora.

No Evangelho de João, Jesus lembra que aquele que acredita "tem" a vida eterna – não diz "terá". A vida eterna está no próprio âmago desta vida, é a dimensão incriada de nossa vida presente que não pode morrer.

Aquele que a procura alhures, afasta-se dela.

No Evangelho segundo Felipe, Jesus dizia igualmente: "Aqueles que dizem que o Senhor morreu primeiro e ressuscitou em seguida, estão enganados porque Ele ressuscitou primeiro e depois morreu".

Jesus estava vigilante ao Eterno vivo nele. Ser ressuscitado para nós, hoje, é permanecer na dimensão de profundidade e de amor que nem a morte ou a vida podem nos tirar.

Nada mais esperar, não como os desiludidos, mas como os que sabem que, em cada instante, tudo lhes é dado sem medida.

LOGION 52

Disseram-lhe os discípulos:
Em Israel, falaram vinte e quatro profetas
e todos falaram de ti.
Ele lhes disse:
Vós rejeitastes Aquele que está Vivo
diante de vós,
e falais daqueles que morreram.

(Cf. Dt 18,15; Lc 1,70; Jo 1,45; 8,53; At 4,4; Mt 8,22; Mc 12,27; Rm 16,25; Nm 3,12)

No 4º Esdras (14,44), os vinte e quatro livros encontram-se entre os noventa e quatro que eram lidos nas sinagogas e eram acessíveis a todos, enquanto os outros setenta eram reservados aos sábios.

No Apocalipse (4,4), faz-se referência, igualmente, a vinte e quatro anciãos... será uma transposição "imaginal" das vinte e quatro divindades babilônicas das constelações que presidiam às épocas do ano?

Seja como for, para o Evangelho de Tomé e para a *Pistis Sophia*, os profetas, assim como os arcontes, não têm a mesma importância. Jesus revela que existe no homem uma dimensão para além do tempo (para além das "vinte e quatro" horas que constituem nossas noites e nossos dias), mas pretendemos ignorar isso. Rejeitamos Aquele que está Vivo em nós e continuamos a manter o que, por sua natureza, só poderá se degradar e apodrecer.

Outro sentido deste *logion* pode ser sugerido por um versículo do Evangelho de João: "Vós perscrutais as Escrituras [isto é, o que disseram os sábios e os profetas] e não quereis vir até mim para terdes a vida". O Eu em questão não é, evidentemente, o "ego-eu existencial" de Jesus de Nazaré, mas do "Eu-Ser-Essencial" do Logos, a Inteligência Criadora que mantém juntas todas as coisas e recebe o testemunho tanto do livro da natureza quanto do livro das escrituras. Tudo isso está escrito, não para cevar nossas mentes com toda a espécie de glosas e polêmicas, mas para que nos seja possível descobrir Aquele que está Vivo em nós.

Há, igualmente, uma certa maneira de nos referirmos às palavras dos outros, às tradições, "foi dito que", que nos dispensa de pensar por nós mesmos. O óculo de alcance de meu vizinho não me servirá de nada se eu não souber abrir meus próprios olhos. As palavras dos profetas e de todos os grandes videntes estão aí para nos ensinarem a ver. Se nos limitarmos a repeti-las sem as vivermos, tornar-se-ão palavras mortas. "A letra mata, enquanto o Espírito vivifica."

LOGION 53

Perguntaram-lhe os discípulos:
A circuncisão é útil ou não?
Ele lhes respondeu:
Se fosse útil,
o pai geraria os filhos já circuncidados desde o seio materno;
mas a verdadeira circuncisão no espírito
é, sem dúvida alguma, útil.

(Cf. Jo 4,24; Rm 2,25-29; 1Cor 7,19; Gl 5,6; Cl 2,11)

Para o judeu piedoso, a circuncisão é a inscrição em sua carne da aliança do homem com Deus. Tudo o que é vida e o que dá a vida pertence a Ele, mas de que serve esse sinal exterior de aliança "se o coração não está presente"? Pode tornar-se um sinal de pertencimento a um povo, a uma raça, e não um sinal de pertencimento ao Deus Único...

A circuncisão referida por Jesus não se situa no plano do prepúcio, mas no plano do ego. O que importa é desembaraçar-se dele com toda a sua pele velha, suas manias e conceitos. O amplexo amoroso com Aquele que está Vivo em nós será, então, mais "limpo" e mais profundo. Higiene do coração e do espírito, silêncio do ego, tal é a verdadeira circuncisão, sinal da Aliança e da União, retorno não só "ao que é natural", mas à nossa verdadeira natureza.

O poeta Kabir (Benares, século XIV) faz eco deste *logion* quando apostrofa os que confiam somente na expressão exterior da lei:

> Seguro de tua autoridade, praticas a circuncisão;
> quanto a mim, não estou de acordo, irmão!
> Se Deus quisesse me circuncidar,
> Ele mesmo não o teria feito?

LOGION 54

Felizes vós, os pobres,
porque vosso é o Reino dos Céus.

(Cf. Mt 5,3; Lc 6,20; Jo 2,5)

Em Mateus (5,3) e Lucas (6,20), encontramos o mesmo *logion*.

Parece que, para Jesus, a pobreza é a condição para que reine em nós o Sopro de Deus, para que, na terra, exista lugar para o céu. Ter um espírito de rico é acreditar que tudo nos é devido ou que tudo pode ser comprado. É passar ao lado do Essencial. Não é possível comprar a felicidade ou o amor. Pelo contrário, ter um espírito de pobre é saber que nada nos é devido, que tudo é dom. O menor sorriso ou o menor raio de sol é recebido com gratidão como uma centelha do Reino.

Mestre Eckhart comentou, frequentemente, essa bem-aventurança da pobreza – é ela que deve nos tornar puros e vazios: capazes de receber Deus. O homem totalmente pobre, totalmente vazio, não pode deixar de estar plenamente satisfeito. "Quando Deus te encontra preparado e pobre, deve agir e expandir-se em ti, da mesma forma que, em uma atmosfera clara e pura, o sol deve se espalhar – e ele não pode abster-se... quando te encontra, assim, vazio e despojado" (*Et cum factus esset Jesus*).

Alhures, dirá ainda: "É pobre o homem que não sente nada, não sabe nada, não tem nada", o que não significa que devamos nos tornar como um pedaço de madeira, mas que temos de nos conservar livres em relação a nossos desejos, conhecimentos e bens materiais.

Esse desapego ou essa liberdade em relação a tudo o que é criado permite-nos levá-lo em consideração segundo sua ordem, assim como descobrir nossa essência incriada: pobre de vontade, de conhecimentos e bens materiais, fico ligado à raiz e me conheço como "causa de mim mesmo, segundo o meu ser que é eterno e não segundo o meu devir que é temporal. É a razão pela qual sou não gerado e, segundo meu modo não gerado, nunca poderei morrer" (sermão *Beati pauperes spiritu*).

LOGION 55

Disse Jesus:
Aquele que não se desapegar do pai e da mãe
não poderá tornar-se meu discípulo.
Aquele que não se desapegar dos irmãos e das irmãs,
e não carregar a sua cruz, como eu o faço,
não será digno de mim.

(Cf. Mt 10,37-38; Lc 14,26-27; Mc 8,34-35)

De novo, Jesus nos convida para a liberdade. Ser livre em relação ao pai, à mãe, aos desejos, aos pensamentos, à educação recebida. Ser livre em relação a nossos irmãos e irmãs, aos concidadãos, aos juízos e modas do mundo à volta. Não se trata de algo sem importância; é, antes, a condição para que nos tornemos nós mesmos. Não haverá autonomia física, psíquica e, inclusive, espiritual, sem ruptura do cordão umbilical.

Saber reconhecer o que nos alimenta com o objetivo de ir mais longe e, então, "carregar sua cruz", isto é, tomar todas as suas dimensões, ao mesmo tempo, horizontais e verticais.

"Conhecer a altura, a profundidade, a largura, a espessura – conhecer o Amor do Cristo que supera todo conhecimento", dizia São Paulo. Também os Padres da Igreja falaram da cruz como se fosse o "grande livro da arte de amar", o livro aberto do homem que ama infinitamente com um "amor mais forte do que a morte", o livro aberto do Amor-liberdade que carrega e leva consigo os acontecimentos do cotidiano, que lança mão de todos os recursos possíveis e chega mesmo a transformar o lixo em luz viva.

Liberdade em relação aos pais e às pessoas que nos rodeiam é, nesta via, o primeiro passo.

LOGION 56

Disse Jesus:
Quem conhece o mundo,
descobre um cadáver.
Mas o mundo não é digno
daquele que descobre um cadáver.

(Cf. Jo 1,10; Hb 11,38; 1Jo 3,1)

O que é um corpo inanimado, isto é, "sem alma", senão um cadáver? Quando o princípio de informação se retira do corpo, este cessa de viver e não tarda a se decompor.

Procurar conhecer um corpo, a matéria ou o mundo sem se referir à "alma" que o informa, ao que lhe dá consistência e unidade, é acabar descobrindo, mais cedo ou mais tarde, um cadáver, isto é, descobrir a não existência do mundo por si mesmo. Como diz o Prólogo de São João: "Sem ele: *nihil*"; sem o Verbo, a informação criadora: nada.

Mestre Eckhart atraiu sua condenação por ter repetido, em voz alta, o que o Evangelho diz discretamente: "Todas as criaturas são um puro nada; não digo que elas sejam mínimas ou alguma coisa: mas um puro nada". No entanto, trata-se da doutrina absolutamente ortodoxa segundo a qual nenhum ser relativo tem o Ser por si mesmo, mas somente por participação no Ser Absoluto.

Não existe corpo sem alma. Um corpo sem alma é um cadáver, algo composto que irá se decompor.

Essa descoberta não deixa de ser interessante. Ao reconhecermos nosso nada, descobriremos no mesmo movimento o Ser pelo qual existimos. Fundidos nele, poderemos dizer: "Não há outro como Ele" ou "Antes que Abraão existisse, Eu sou". Deixamos de estar limitados pelo espaço-tempo. É esse puro Eu Sou que o contém.

LOGION 57

Disse Jesus:
O Reino do Pai é semelhante a um homem
que semeou boa semente.
De noite, veio seu inimigo e semeou joio
no meio da semente boa.
O homem não permitiu que os servos arrancassem o joio
para não acontecer que, disse ele, vós arranqueis o trigo
com o joio.
Com efeito, no dia da ceifa, o joio há de aparecer.
Então, será arrancado e queimado.

(Cf. Mt 13,24-43)

Em relação ao mal, àquele que semeia a "cizânia" em nós (o joio: *zizánion*, em grego), Jesus propõe uma atitude não dual. Não arrancá-la para não acontecer de arrancar, ao mesmo tempo, a semente boa. Quem julga? O bem e o mal estão, muitas vezes, estreitamente misturados.

Você é agressivo, violento – é um mal; no entanto, não se deve arrancar a força... Com a mesma energia, é possível agredir alguém ou carregar suas malas.

Você é hipócrita – é um mal; no entanto, não se deve arrancar a habilidade, a inteligência... Com a mesma delicadeza, é possível enganar alguém ou, pelo contrário, prestar-lhe esclarecimentos.

Devemos aceitar em nós essa ambiguidade original. O que importa é a orientação do coração que fará amadurecer nossos atos ao lado do joio ou ao lado da semente boa. O importante é, em todas as coisas, misturar inteligência com bondade. O resto desaparecerá. Nossos esgares serão "queimados" pela beleza de nosso rosto.

LOGION 58

Disse Jesus:
Feliz o homem que passou por provações.
Ele encontrou a vida.

(Cf. Sl 33,19; Tg 1,12; 1Pd 3,14; Mt 5,10)

Em geral, falando de alguém que não sofreu, diz-se: "Não sabe nada", "Não consegue compreender". As provações, as dificuldades encontradas por quem assumiu o compromisso de se conhecer melhor constituem um ensinamento. A provação – aceita, mas não suportada nem mantida – pode tornar-se fator de iluminação e conhecimento. O absurdo, o sofrimento, a solidão e a morte – coisas inevitáveis que, um dia ou outro, haveremos de encontrar – são, nesse caso, assumidas e depois transcendidas. Em qualquer circunstância, trata-se de procurar e encontrar a vida. Mas somente aquele que conheceu o sofrimento e, realmente, passou por ele, pode fazer tal afirmação; caso contrário, isso vai soar como falso – é preferível calar-se perto de um agonizante. Se desejamos "transfundir-lhe" alguma serenidade, é preferível conhecer em si o que já está para além da morte.

LOGION 59

Disse Jesus:
Enquanto estais vivos,
olhai para Aquele que é Vivente.
Depois de mortos, mesmo que procureis vê-lo,
já não conseguireis essa visão.

(Cf. Jo 6,50; 8,21; 12,21; 16,16)

Dostoievski dizia: "Amar a vida mais do que o sentido da vida". É amando a vida que seu sentido há de se revelar, amando-a intensamente. "Procurar a luz enquanto é dia". "Tirar proveito" desta vida espaçotemporal, relativa, insatisfatória, para provar, experimentar o Vivente. Não esperar a morte para nos darmos conta de que, muitas vezes, nossa vida passou ao lado da vida. Não nascemos somente para morrer, mas para viver. Há evidências cuja prática exige coragem; no entanto, será que é possível encontrar mais elevada motivação para a vida do que o Próprio Vivente?

LOGION 60

Viram um samaritano carregando um cordeiro.
Como entrava na Judeia,
Jesus perguntou aos discípulos:
O que este homem pretende fazer com o cordeiro?
Eles lhe responderam:
Vai matá-lo e comê-lo.
Ele lhes disse:
Enquanto estiver vivo, ele não o comerá,
mas somente depois de matá-lo e transformá-lo em cadáver.
E acrescentou:
Procurai um lugar de repouso.
Não vos torneis cadáveres,
se não desejais ser comidos.

(Cf. Ap 5,6; Hb 12,2)

O cordeiro simboliza a inocência, o dom de si, fragilidade e força do amor. Como preservá-lo, não o matar em nós, guardá-lo vivo? O cadáver do cordeiro é o coração endurecido, o homem sem frescor e sem o repouso que é proporcionado pela inocência, pela pureza: "a força invencível da humildade".

Não se tornar comestível ou consumível é também conservar-se livre para o Essencial, para além das rentabilidades do fazer e do ter. Conservar-se livre para ser.

Cordeiro pascal, cordeiro de passagem, provar seu ser em transumância.

LOGION 61

Disse Jesus:
Dois hão de repousar no mesmo leito,
um morrerá e o outro viverá.
Salomé perguntou-lhe:
Quem és tu, ó homem?
Donde vens? Quem te gerou?
Para subires em meu leito e comeres à minha mesa?
Jesus lhe respondeu:
Eu sou aquele que é oriundo daquele que É o Aberto.
A mim foi dado aquilo que é de meu Pai.
Disse Salomé: Eu sou tua discípula.
Jesus lhe disse:
Por isso eu afirmo, quando o discípulo está aberto,
fica repleto de luz.
Mas quando está dividido,
está mergulhado nas trevas.

(Cf. Mt 24,40-41; Lc 17,34)

Enquanto se é "dois" no mesmo leito, enquanto não tiver sido feito de dois Um, existem possibilidades para que um domine e para que o outro seja dominado. "Um morrerá e o outro viverá". A dualidade implica relações de força, seja em um leito ou alhures. Ser Um no mesmo leito é reconhecer a Presença do Ser Único que coloca cada um em sua alteridade.

Salomé, a amiga íntima de Jesus, a iniciada referida na *Pistis Sophia*, interroga-o no momento em que Ele se encontra em seu leito e come à sua mesa: "Quem és tu, ó homem? Donde vens?" Qual é a origem da comunhão que nos é dada viver?

Jesus responde: "Eu sou aquele que é oriundo daquele que É o Aberto".

Segundo Rilke, o Aberto é o nome de Deus menos blasfematório, aquele que o confina menos. O Aberto é o Espaço infinito no próprio âmago do Espaço, aquele que contém tudo e não é contido por nada.

Todo o processo de transformação do homem é um processo de abertura, seja no plano físico (desbloqueio das tensões), no plano psíquico (desatar os nós da memória), ou no plano espiritual (permitir que o Amor e a Luz vivam, perdoem, iluminem através de nós).

O objetivo dessa transformação é permanecer no Aberto: o corpo permeável a todas as energias do universo, o coração aberto para uma elevada ternura, o espírito transparente, espelho onde se "refletem", tranquilamente, mil e uma coisas...

O homem totalmente "aberto" (isso não significa sem forma) permite que, então, o Um se manifeste. A unidade de todas as coisas revela-se, então, nele e através dele. Enquanto houver medo, contração, fechamento, enquanto o coração estiver partilhado, isto é, dividido na dualidade, não aberto, a luz não poderá penetrar. Fechar as persianas é ruim para a casa; no entanto, isso não impedirá o sol de brilhar...

Salomé respondeu: "Sou tua discípula". Ela tornou-se a morada do Aberto, uma casa para abrigar o vento, um corpo de "cristal" para manifestar a luz.

LOGION 62

*Eu revelo meus mistérios
àqueles que se tornam dignos deles.
Que a tua mão esquerda não saiba
o que faz a tua mão direita.*

(Cf. Mt 13,10-11; Mc 4,10-12; Lc 8,9-10; Mt 6,3-4)

Deus dá a cada um segundo o que cada um pode conter. No processo de abertura da consciência, cada um deve se tornar cada vez mais *capax Dei*, receptivo à pura luz, digno dos mistérios...

Então, "que a tua mão esquerda não saiba o que faz a tua mão direita", que ela não conserve o registro do que deu, nem memória e apego aos frutos da ação, que ela se torne cada vez mais aberta e disponível para sentir em sua palma o mistério e o frescor do instante.

LOGION 63

Disse Jesus:
Havia um homem rico que tinha muito dinheiro.
E disse: Empregarei meu dinheiro para semear,
colher, plantar e encher de frutos meus celeiros,
de modo que eu não tenha falta de coisa alguma.
Eis o que ele pensava em seu coração.
Nessa mesma noite, morreu.
Quem tem ouvidos, ouça!

(Cf. Lc 12,16-21; Jo 4,12; 1Cor 14,25)

"Não ter falta de nada." Acumular, ter riquezas, conhecimentos e poderes não é o suficiente para nos dar a verdadeira segurança. Tudo isso pode ser-nos tirado de um momento para outro. A morte leva à falência todos os nossos veneráveis comércios.

Nossa carência é infinita e somente o Infinito pode satisfazê-la plenamente. Todas as coisas finitas só fazem aprofundar ainda mais nossa hiância essencial. Aceitar essa falha, esse desejo, conservá-lo aberto como a janela por onde o desconhecido poderá penetrar "nesta mesma noite".

Viver com a janela aberta como aqueles a quem a morte já não pode retirar mais nada porque já deram tudo.

LOGION 64

Um homem tinha feito diversos convites.
Tendo preparado o banquete, mandou o servo chamar os convidados.
Este chegou junto do primeiro e disse-lhe: Meu senhor te convida.
Ele respondeu: Tenho uns negócios a tratar com comerciantes que, esta noite, vêm à minha casa. Devo dar-lhes minhas instruções.
Peço desculpas por faltar ao banquete...
Dirigiu-se a outro e disse-lhe: Meu senhor te convida.
Ele respondeu: Acabei de comprar uma casa e estou ocupado com esse negócio o dia inteiro.
Não estou disponível.
Procurou um outro e disse-lhe: Meu senhor te convida.
Ele respondeu: Um amigo meu vai casar-se e estou encarregado de preparar o banquete de núpcias. Não poderei ir. Peço desculpas.
Dirigiu-se a um outro e disse-lhe: Meu senhor te convida.
Ele respondeu: Comprei uma fazenda. Estou ocupado em receber meus rendimentos. Não poderei ir. Peço desculpas:
O servo voltou e disse ao senhor:
Aqueles que convidaste para o banquete apresentaram desculpas para não aceitarem o convite.
Então, o senhor disse ao servo:
Vai pelas estradas e traze todas as pessoas que encontrares para que venham ao meu banquete.
Os compradores e os comerciantes não entrarão na morada de meu Pai.

(Cf. Mt 22,1-10; Lc 14,15-24; Mc 11,15-17; Jo 2,14)

Como toda a palavra das Escrituras, esta parábola pode ser lida, pelo menos, em três níveis:

1. No nível da letra e da estória. Trata-se de convidados que têm boas razões para não responderem afirmativamente àquele que os convida: negócio com comerciantes, compra de uma

casa, casamento de um amigo, rendimentos a receber... O anfitrião decepcionado abre, então, o banquete a todos os que forem encontrados pela estrada...

2. Uma leitura "psicológica" deste texto revela-nos o pouco amor, o pouco interesse prestado ao convite, revelação de um não desejo, assim como revelação do defeito característico do homem para encontrar boas desculpas e justificativas quando se trata de não responder ao apelo interior. Convidados para participar de núpcias, convidados para unir em nós o criado com o incriado, temos muitas outras coisas a fazer. Andamos realmente muito "ocupados". Não será verdade que, incessantemente, estamos na dependência de ocupações e da pré-ocupação...? Quem nos livrará dessa guerra fria que travamos conosco mesmos?

Expulsar o ocupante, reencontrar sua vacância... libertar-se do ego, reencontrar o verdadeiro Si-mesmo.

O primeiro passo dado no sentido dessa libertação é, em primeiro lugar, reencontrar o desejo do Essencial. Saber o que tem prioridade na nossa vida. O que desejamos verdadeiramente? O que pretendemos viver?

Em seguida, a maturidade consistirá em não apresentar desculpas, justificativas, e, nesse caso, sermos responsáveis pelos nossos atos, pelos nossos entusiasmos, assim como pelas nossas recusas. Não acusar a mulher, o amigo, o outro pela minha falta de desejo e de disponibilidade.

3. Um último elemento deste *logion* conduz-nos ao nível metafísico. "Os compradores e os comerciantes não entrarão na morada de meu Pai."

Os comerciantes, os compradores sempre tiveram mais ou menos o espírito ocupado. Em seguida, deve-se dizer que a verdade, a liberdade – assim como a felicidade e o amor – não se compram. Nada disso é da ordem do ter.

Mestre Eckhart dizia que alguns têm esse "espírito de comerciante", inclusive, com Deus que é tratado como um "otário"; assim, esperam que Ele dê resposta a suas demandas e necessidades.

Deus não se compra. É gratuito, é a própria gratuidade. Resiste à nossa vontade de "posse" sobre Ele, não é possível obtê-lo, utilizá-lo como uma coisa. No entanto, Ele se dá àqueles que têm o espírito "bem-disposto", disponível, sem calculismos nem expectativas, sem sufocamento no amplexo amoroso. Os que não estão à procura da salvação e da paz (isso lhes será dado por acréscimo) entrarão na morada do Pai.

Este termo "morada" é, igualmente, querido do Evangelho de João. A morada do Pai é o lugar da Fonte, da Origem da Vida.

Assim, este *logion* lembra-nos que os que estão abertos ou vacantes, não ocupados, sem calculismos, atentos à Presença que se manifesta no instante, estão ligados à terra como ao céu. Permanecem na origem dos dois e o Pai Único manifesta-se através deles como no Filho.

LOGION 65

Disse Jesus:
Um homem de bem possuía uma vinha.
Arrendou-a a alguns trabalhadores para que a cultivassem
e, no tempo da vindima, lhe dessem as uvas.
Mandou seu servo para que recebesse dos agricultores
o fruto da vinha.
Estes agarraram o servo e o espancaram:
pouco faltou para que o matassem.
O servo foi contar ao senhor o que tinha acontecido.
Este pensou: Eles, talvez, não o tenham reconhecido.
E mandou outro servo.
Os agricultores voltaram a espancá-lo.
Então, o senhor mandou o próprio Filho,
dizendo: Ao menos, hão de respeitá-lo.
Ao saberem que se tratava do herdeiro da vinha, os agricultores
agarraram-no e o mataram.
Quem tem ouvidos, ouça!

(Cf. Mt 21,33-41; Mc 12,1-9; Lc 20,9-16; Is 5,1-2)

Segundo o sentido habitual que se dá a esta parábola, Deus enviou ao mundo, "sua vinha", em primeiro lugar, os servos, os sábios e os profetas, mas os homens não escutaram suas vozes e as informações comunicadas por eles...

Então, enviou não só um profeta, um servo, mas um Santo, Aquele que encarna no espaço-tempo Sua Presença, Sua Imagem e Sua Semelhança: Seu Filho.

Matar Cristo na história ou matar o Filho em nós, isto é, o que se assemelha a Deus, ao Amor e à Luz, é o mesmo assassinato, a mesma loucura: impedir o Vivente de dar seu Fruto.

LOGION 66

Disse Jesus:
Mostrai-me a pedra rejeitada pelos construtores.
Essa é a pedra angular.

(Cf. Mt 21,42-43; Mc 12,10-11; Lc 20,17-18)

Será que é possível construir uma sociedade sem amor? Sem Deus? Sem pedra angular?

Ela manter-se-á através dos interesses comuns, mas será destruída pelos interesses particulares.

O amor é rejeitado de nossos princípios de economia e de nossos programas escolares; por vezes, chegamos mesmo a rejeitá-lo de nossas vidas.

É possível viver sem Deus, sem amor; mas, a troco de quê?

Trata-se, igualmente, de observar o que rejeitamos de nós mesmos: um desejo, uma nostalgia? Um inferno?

É, talvez, aí que está escondida nossa pedra angular.

No âmago do recalcado jaz, por vezes, nossa coerência.

LOGION 67

Disse Jesus:
Aquele que conhece tudo,
mas não se conhece,
está privado de tudo.

(Cf. Mt 16,26; Mc 8,36; Lc 9,25)

De que serve ao homem ganhar o universo inteiro se vier a perder sua alma?

Conhecer tudo e não se conhecer, não conhecer o instrumento através do qual conhecemos todas as coisas! Conhecer tudo sem transformação interior é ilusão; trata-se de um conhecimento que permanece exterior.

Jó já exclamava: "Eu te conhecia por ouvir dizer; agora, eu te conheço na minha pele, meus olhos te viram". Passar do diz que diz que para a realização, passar da palavra ou do pensamento para o ato: de novo, trata-se de fazer o exterior como o interior.

O conhecimento de si, essencial segundo o Evangelho de Tomé, não é autoanálise ou uma forma qualquer de narcisismo. Trata-se, antes, de observar, ver suas reações, suas emoções, sem as julgar, sem se perguntar por quê? E através desse olhar atento, neutro e amante, descobrir o que é e o que nós somos.

LOGION 68

Disse Jesus:
Felizes sereis vós quando vos odiarem
e vos perseguirem;
ninguém conseguirá encontrar o lugar
em que não sereis perseguidos.

(Cf. Mt 5,11;Lc 6,22; Jo 13,33)

Há um lugar em todo homem que não pode ser atingido pela perseguição e pelo ódio: o Si-mesmo, o Ser incriado, para além do "eu sofredor e perseguido", essa liberdade inalienável que nos torna capazes de dizer, com o Cristo: "Ninguém pode tirar minha vida, pois sou eu quem a dá", ou ainda: "Perdoai-lhes porque eles não sabem o que fazem".

As perseguições, as calúnias podem ser consideradas como "bem-aventuranças" se despertarem em nós o amor por nossos inimigos, se nos levarem a alcançar essa liberdade que não será sufocada por nenhuma obrigação.

É o lugar do repouso, o lugar de Deus.

LOGION 69

Disse Jesus:
Felizes aqueles que foram perseguidos, inclusive em seus corações;
esses são os que conheceram de verdade o Pai.
Felizes os que têm fome,
porque serão saciados.

(Cf. Mt 5,6; Lc 6,22; Jo 4,23-24; 10,15; 14,7)

Aqueles que foram perseguidos, inclusive em seu coração, sabem que o amor pelos inimigos não é algo simples e natural, mas que isso pertence a uma outra natureza. "Esses conheceram de verdade o Pai"; sabem que, na origem de tal atitude, só pode estar a Transcendência.

Felizes, igualmente, os não satisfeitos com eles mesmos, que não se contentam em viver superficialmente e aproveitam as situações difíceis para progredir no sentido da profundidade... Hão de encontrar um alimento digno de sua fome, uma fonte digna de sua sede.

LOGION 70

Disse Jesus:
Quando "isso" for gerado em vós,
"isso" vos salvará.
Se não tiverdes "isso",
a ausência "disso" vos matará.

(Cf. Mt 13,12; Mc 4,25; Lc 8,18; 19,26)

Nos evangelhos canônicos, na sequência da parábola dos talentos, está escrito, igualmente, o seguinte: "A quem tem, será dado; mas de quem não tem, mesmo o que tem, lhe será tirado".

O que será o "isso" que nos salva e cuja ausência nos mata? Alguns dizem: é o Amor, o Ser que nos falta – "sem ele, tudo fica despovoado".

Outros dizem: é a gnose – sem ela, tudo permanece estranho, incompreensível.

É verdade que tudo parece "dado" em abundância, a menor parcela de ser é percebida em todo o seu relevo, àquele que mantém em si o amor e o conhecimento; pelo contrário, a vida é monótona, sem sabor, para aquele que tem falta de amor e de conhecimento – "ser-lhe-á tirado até mesmo o que tem".

LOGION 71

Disse Jesus:
Destruirei esta casa
e ninguém poderá reconstruí-la.

(Cf. Mt 26,61; 27,40; Mc 14,58; Jo 2,19; At 6,14; Jó 12,14)

Neste *logion*, que casa ou construção está em questão?

Será o corpo de Jesus a respeito do qual Ele afirma em outro lugar: "Em três dias, destruirei esse templo feito pela mão do homem e reconstruirei outro", anunciando, assim, o realismo de sua Ressurreição e seu poder sobre as formas e sobre a matéria?

Neste *logion*, trata-se, sobretudo, das construções mentais ou psíquicas cuja ilusão nos é revelada pelo Cristo.

Tudo o que é construído será des-construído.

Uma vez que essa verdade foi experimentada, deixa de haver preocupação em saber o que permanecerá ou não de nós após a morte.

Todas as nossas construções mentais, nossos sonhos e nossas concepções *a priori* são demolidas. Permanece esse estado de Vigília, esse puro "Eu Sou" que ninguém poderá destruir uma vez que isso nunca foi construído.

LOGION 72

Disse-lhe um homem:
Fala com meus irmãos
para que compartilhem comigo os bens de meu pai.
Jesus lhe respondeu:
Quem me encarregou de fazer partilhas?
E, voltando-se para os discípulos,
perguntou-lhes:
Quem sou eu para fazer partilhas?

(Cf. Lc 12,13-15; Gn 19,9; Ex 2,14; Mt 12,25-26;
Lc 2,49; 10,23)

Esse homem gostaria de rebaixar Jesus a seu nível, isto é, em um plano de consciência que é o da dualidade, e obrigá-lo a tomar partido. Mas Jesus é coerente com sua palavra. Ele disse: "Não julgueis", e recusa-se a julgar. Não deseja estar em um clã contra outro.

É, aliás, uma de suas características que provocara a cólera das pessoas que estavam à sua volta. Almoça na casa de Nicodemos, o fariseu, e vai também à casa de Mateus, o publicano. É acompanhado por virgens, assim como por prostitutas.

Parece que Jesus está interessado, não pelas etiquetas com que catalogamos aqueles que encontramos, mas pelas pessoas. Onde os homens veem uma prostituta, Ele vê uma mulher...

Jesus recusa tomar partido por um ou por outro. Situa seu engajamento em outro nível, o da não dualidade. Se os "dois formam Um", o que pertence a um pertence ao outro, e o que chamo "minha propriedade privada" é exatamente aquilo de que o outro é "privado" por mim.

Compartilhar, no sentido deste *logion*, é diferenciar, fracionar, multiplicar, dividir...

Existe outra "partilha" que é dar a cada um o que lhe é devido: multiplicar os pães, realizar a união entre os seres.

Jesus não veio ao mundo para opor uns contra os outros, mas para que, em suas diferenças, eles descubram que são complementares e, respeitando suas alteridades, possam estar em comunhão...

LOGION 73

Disse Jesus:
A messe é abundante,
mas os operários são poucos.
Rogai ao Senhor que mande
operários para a ceifa.

(Cf. Mt 9,37-38; Lc 10,2)

A hora da messe chega quando os frutos estão maduros, quando o trigo dá sua espiga, a vinha suas uvas... Num sentido espiritual, trabalhar na messe é, em primeiro lugar, trabalhar para que a semente divina – depositada em cada um – possa se desenvolver plenamente e dar seu fruto de luz.

O campo a ser cultivado é imenso porque todos os homens têm neles a centelha chamada a tornar-se fogo, o grão de mostarda chamado a tornar-se um grande arbusto.

Estão faltando operários, homens e mulheres, que se dediquem ao cultivo desse campo da consciência a fim de colherem o fruto do Despertar.

Rogar ao Senhor para enviar operários para a sua messe é pedir a Deus sábios e profetas que lembrem aos homens o que está em ação em seu campo, o que germina e cresce na profundidade.

É, também, pedir ao Senhor a força e a lucidez para ser o operário de seu próprio campo, conduzir a criança divina até seu pleno desenvolvimento, até o dia em que – saindo da matriz espaçotemporal – irá despertar para o Grande Dia do Incriado.

LOGION 74

O Senhor disse:
Muitos permanecem em volta do poço,
mas ninguém está disposto a descer nele.

Orígenes cita essas palavras de Jesus (in *Contra Celso* VIII, 15-16). Com efeito, existem muitas pessoas em volta do poço que falam da nascente ou sonham com ela. No entanto, não é possível saciar a sede com palavras!...

É reduzido o número de pessoas dispostas a cavar, a descer. No entanto, como lembra Mestre Eckhart, "a nascente está aí". Basta desenterrá-la, desembaraçar-nos do que há em nós de demasiado terreno, ir ao fundo de nosso ser, onde ela jorra... e deixar de lado nossos discursos a respeito da nascente.

Cavar, a cada dia, à medida de nossa sede, descer cada vez mais, beber a água de nosso próprio poço, refrescar o rosto com ela...

LOGION 75

Disse Jesus:
Muitos permanecem diante da porta,
mas somente os solitários
e os simples
é que entrarão na câmara nupcial.

(Cf. Mt 9,15; 12,46-47; Mc 2,19; Lc 5,34; Jo 3,29; 18,16)

Aí também, muitos falam de amor ou sonham com ele, mas são poucos os que transpõem a porta e começam a amar verdadeiramente.

São os solitários e os simples que entrarão na câmara nupcial porque – através da unidade que realizaram, da solidão que aceitaram – tornaram-se capazes de encontrar o outro enquanto outro, sem o reduzir a suas carências e a seus desejos. Somente eles sabem verdadeiramente o que são as núpcias.

A comunhão dos solitários é o fundo do poço que encontra o fundo do outro poço, enquanto os parapeitos permanecem a uma certa distância. "União sem confusão ou separação" – união das pessoas em sua profundidade e plenitude.

Neste *logion*, pode-se, igualmente, entender o fato de que muitos permanecem diante da porta do Reino... mas que somente os que chegaram ao extremo de sua solidão, que se tornaram simples até a Transparência tranquila do Ser essencial e do Ser existencial, conhecem as Núpcias do Criado com o Incriado, a verdadeira União "sem confusão – sem separação" entre Deus e o homem.

LOGION 76

O Reino do Pai
é semelhante a um comerciante
que possuía um carregamento de mercadorias.
Encontrou uma pérola.
Como era sábio,
o comerciante vendeu as mercadorias
e comprou a pérola.
Também vós, procurai
o tesouro não perecível.
Aquele que é duradouro,
que se encontra no lugar onde a traça não consegue chegar,
nem o verme pode destruí-lo.

(Cf. Mt 13,45-46; Lc 12,33-34; Mc 9,48; Jo 6,27; At 12,23)

Nos textos gnósticos, a pérola é o símbolo do Si-mesmo, de nosso ser incriado (cf. Evangelho segundo Felipe). Aliás, o termo iraniano *qohr* significa tanto "pérola" quanto "essência".

Uma das características da pérola é ser luz tanto no interior como no exterior. No começo, o homem era uma pérola: luz no interior e no exterior. Portanto, a pérola simboliza o estado paradisíaco. Simboliza, igualmente, o estado que o homem deve reencontrar pelo conhecimento e pelo amor. Na história, o corpo dos santos confirma essa possibilidade da própria matéria de tornar-se uma pérola.

Para reencontrar esse estado de pérola, é necessário saber desembaraçar-se do supérfluo ou do inessencial. Sair de nosso estado de negócio e regateio. Apegar-se ao que, exteriormente, é ínfimo e inaparente, mas que é o verdadeiro tesouro.

"Onde estiver teu tesouro, aí também estará teu coração". Se estiver no perecível, há de perecer com o verme e a traça. Se estiver no Essencial incriado, permanecerá tal como é.

Uma pequena estória completa este *logion* para mostrar o quanto esse comerciante era sábio e advertido, e como tinha feito "a boa escolha":

Na viagem de regresso, desencadeou-se uma violenta tempestade e o barco que o transportava naufragou. Todos os comerciantes perderam suas mercadorias... Somente ele salvou os bens, tendo dependurado ao pescoço a pérola preciosa.

Que terá a perder, no momento do último naufrágio, aquele que conserva, preciosamente, no escrínio do coração o tesouro do Si-mesmo?

LOGION 77

Disse Jesus:
Eu sou a Luz
que ilumina todos os homens.
Eu sou o Todo.
O Todo saiu de mim
e o Todo voltou a mim.
Ao rachardes lenha, eu estou aí.
Ao levantardes uma pedra,
aí me encontrareis.

(Cf. Jo 8,12; 3,31; Ef 4,6; 2Ts 2,4; Is 55,11; Rm 11,36; 1Cor 8,6)

Em que sentido, Jesus pode dizer: "Eu sou o Todo"? Ele é o Todo quando manifesta nele a integração de todas as polaridades, de todos os contrários, quando encarna a união do divino com o humano, do finito com o infinito, do tempo com o Eterno...

Também já se disse do Cristo que Ele tinha assumido todos os rostos do homem, que nenhum lhe era estranho. Assumiu o rosto do homem transfigurado e do homem desfigurado.

Ele foi o Sábio, o Mestre que ensina no alto da Montanha. Foi também o escravo, o cordeiro conduzido ao matadouro. Rosto da mais resplandecente luz e da mais tenebrosa noite, sofrimento e beatitude. Conheceu "todos" os estados do homem, inclusive a morte.

Assim, quando Jesus diz: "Eu sou o Todo", não se trata de um Todo indefinido, mas do poder de integração de todas as polaridades que existem no homem e no universo, o Pleroma referido por São Paulo, a Plenitude. E nós somos convidados a empreender esta via da plenitude. Não se deve renunciar a nada, mas tudo tem de ser TRANSFIGURADO, integrado, até mesmo o absurdo, o mal e a morte, como nos foi mostrado pelo Cristo.

Psicologicamente, pode-se dizer que Ele está Vivo em nós quando somos "totalmente" nós mesmos, que não negamos nada de nós próprios e já não somos esse ser fragmentado cujos diferentes pedaços, mais ou menos bem-escolhidos, só dificilmente conseguem ficar juntos.

Os momentos de experiência do Ser são momentos de totalidade em que escapamos ao aspecto fragmentário do tempo. Então, somos integralmente presentes.

Para a parte final deste *logion* – "Ao rachardes lenha, eu estou aí" –, é possível encontrar diferentes tipos de interpretação:

1. Uma interpretação moralizante: "Rachar lenha e levantar pedras são trabalhos penosos, mas fica sabendo que nesse trabalho, eu estou aí, estou contigo". É a tese do célebre exegeta Joachim Jeremias, em seu livro sobre *Les Paroles inconnues de Jesus*: "Para o discípulo de Jesus, o trabalho não é algo perigoso, um fardo ou um sofrimento, mas presença do Senhor! Hás de encontrar-me ao quebrares pedras; eu estou aí quando rachas lenha! Em Mt 18,20, Jesus promete sua presença àqueles que rezam em seu nome; aqui, essa presença é prometida àqueles que fazem trabalhos penosos" (p. 105).

2. A interpretação metafísica deste *logion* vê, sobretudo, a afirmação de que todas as coisas participam, segundo seu modo e seu grau, da própria vida do Ser. Poder-se-á dizer a respeito da inteligência criadora que esta floresce na árvore na primavera, torna-se peso na pedra, canta no pássaro e toma consciência de si mesma no homem. O homem teândrico (Cristo) recapitula todos os diferentes graus de existência do cosmos. É nesse sentido, igualmente, que Ele pode dizer: "Eu sou o Todo".

Essa Presença cósmica do logos "Tudo em Todos", como afirma São Paulo, foi propositalmente esquecida no Ocidente por medo do panteísmo.

Neste *logion*, não se trata, de modo algum, de adorar uma pedra ou um pedaço de madeira, mas sim reconhecer a Presença do Vivente em tudo o que existe, fraternizar, como fazia São Francisco, com nossa Irmã Lua e nosso Irmão Sol...

LOGION 78

Disse Jesus:
Por que andais a esmo pelo campo?
Para verdes um caniço agitado pelo vento?
Ou um homem vestido de roupas finas,
como vossos reis e vossos grandes personagens?
Esses é que vestem roupas finas,
mas não poderão conhecer a verdade.

(Cf. Mt 11,7-8; Lc 24,25; Is 24,21; Mt 20,25; Jo 8,32; At 12,21; Ap 6,15)

Em primeiro lugar, qual o motivo de andar a esmo pelo campo? O Reino não está aqui ou ali.

Em seguida, os que vestem roupas finas correm o risco de nos enganar com suas aparências.

Deve-se procurar o homem nu, não o personagem. Jesus é esse homem nu que não desempenha qualquer papel. Nossa tentativa é transformá-lo em um grande personagem, um ídolo,

A verdade, a *alétheia*, é um processo de desvelamento: abandonar suas ilusões, retirar os revestimentos do Si-mesmo. Nu diante do Amor... quem teria medo do frio?...

LOGION 79

Do meio da multidão, uma mulher lhe disse:
Feliz o ventre que te trouxe
e felizes os seios que te amamentaram!
Ele respondeu:
Antes, felizes aqueles que ouvem
a Palavra do Pai
e a observam de verdade,
porque virão dias
em que direis:
Feliz o ventre que não concebeu
e felizes os seios que não amamentaram.

(Cf. Lc 11,27-28; Mt 24,19; Mc 13,17; Lc 21,23-29)

Existem os vínculos do sangue. Existem também os vínculos do Espírito. Pertencer à família de Jesus é escutar e pôr em prática a sua palavra. Essa palavra é uma informação nova, um sangue novo que nos transforma à sua imagem e semelhança.

A parte final do *logion* lembra o caráter relativo da reprodução: De que serve gerar, perpetuar-se no espaço e no tempo, se o sentido de tudo isso nos escapa?

"Desde que uma criança nasce, já é suficientemente velha para morrer", dizia o filósofo. Essas palavras desiludidas poderiam ser o eco do *Diálogo do Salvador*, citado por H.-Ch. Puech: "Aquele que nasce para a verdade, não morrerá. Mas aquele que nasce da mulher, está destinado a morrer".

Uma vez mais, o nascimento e a reprodução carnais não são suficientes: "É preciso nascer do Alto" (Jo 3,5).

LOGION 80

Disse Jesus:
Quem conhece o mundo,
descobre o corpo.
Mas o mundo não é digno
daquele que descobre o corpo.

Conhecer o mundo, observá-lo, é descobri-lo cada vez mais claramente como um corpo, um corpo animado, vivo, cujos membros estão ligados uns aos outros.

Descobrir o grande corpo cósmico é aproximar-se, no mesmo movimento, de sua alma, ou seja, do que o anima, o informa, o leva a ser o que é.

Deve-se esposar a alma do mundo, dizem os gnósticos. Ora, é "no verdadeiro amor que a alma envolve o corpo" (Nietzsche).

O corpo é belo como o mundo é belo. É a "carne" de Deus. Mas é o amor que nos torna livres a seu respeito. Ele não é senão o sacramento de uma Presença real, mas sempre imperceptível.

Tocar a terra, tocar o corpo, como uma epiderme frágil, invólucro do Sopro e do Abismo...

LOGION 81

Quem se tornou rico,
tenha a possibilidade de se tornar rei.
E quem tem poder,
saiba renunciar!

(Cf. 1Cor 4,8; 2Tm 3,5)

Jesus não veio abolir, mas consumar!

A borboleta não destrói a lagarta. Mas dá-lhe plena realização. Assim, antes de chegar a um estado teândrico, é necessário ser simplesmente humano. Só é possível renunciar àquilo que se possui. Para poder renunciar a seu "ego", é necessário ter um!

Eis um perigo que ameaça aqueles que estão envolvidos na via espiritual. Julgam ter superado o estado humano quando, afinal, estão ao lado ou "aquém".

Neste *logion*, Jesus aconselha-nos a nos tornarmos ricos, em seguida, a nos tornarmos reis, chegar ao extremo de nossas possibilidades para sentir bem profundamente a ilusão dessa tentativa; caso contrário, haverá em nós amargura, incompletude. Esmagar a lagarta não é, de modo algum, uma ajuda para que ela se torne borboleta. Deve-se permitir que ela cresça, vá ao termo de seu crescimento e, então, chega a hora da mutação, da passagem, para outra forma.

Jung fala de "processo de individuação": em primeiro lugar, realizar seu "eu", dar-lhe pleno desenvolvimento na sociedade; em seguida, relativizá-lo, dar lugar ao Si-mesmo. Substituir os valores do ter e do sucesso pelos valores do Ser e da Transcendência. É necessário encher a bola de modo que esta atinja a plenitude de sua forma; então, bastará um "quase nada", um leve sopro, para que ela arrebente e se torne "puro espaço".

LOGION 82

Disse Jesus:
Quem está perto de mim,
está perto do fogo!
Quem está longe de mim,
está longe do Reino.

(Cf. Mt 3,11; Mc 9,48-49; 12,34; Lc 12,49)

Segundo J.-E. Ménard, este *logion* constitui uma das melhores provas de que o Evangelho de Tomé poderia reproduzir uma tradição independente e paralela à tradição dos textos canônicos neotestamentários. Já é citado por Orígenes (in *Jr Hom.* XX, 3) e por Dídimo de Alexandria (comentário do Sl 88,8). J. Jeremias indica, igualmente, que este *logion* é testemunhado por Efrém e Inácio.

Assim, os padres viram no Cristo a nova Sarça Ardente. Quem se aproximar dele, aproxima-se do fogo e escuta a própria voz do Inominável: "Eu Sou".

Se o fogo nos queima é porque ainda não somos fogo. Só existe uma forma de se livrar "dessa doença que se chama Jesus" (expressão de um místico muçulmano): tornar-se Ele, deixar-lhe todo o espaço e sentir nossa madeira seca iluminar-se, esquentar-se a partir de dentro e, de repente, dançar como uma chama de Pentecostes...!

LOGION 83

Disse Jesus:
As imagens tornam-se manifestas ao homem,
enquanto a luz que se encontra nelas está oculta.
Ela manifestar-se-á
no ícone da luz do Pai,
e o ícone será encoberto pela luz.

(Cf. Cl 1,15-17)

A multiplicidade das imagens oculta a luz. Elas distraem o olhar. Por vezes, como pedras polidas, refletem-na ainda mais.

No entanto, o Filho é o ícone, o Diamante no qual toda a luz do Pai pode manifestar seu brilho. "O Filho é o Visível do Pai Invisível", dizia Santo Ireneu. Ele é o seu ícone, Sua Presença encarnada.

A Epístola aos Colossenses é ainda mais explícita: "Ele é a imagem do Deus invisível, Primogênito de toda criatura, porque nele foram criadas todas as coisas, nos céus e na terra, as visíveis e as invisíveis... Ele é antes de tudo e tudo subsiste nele..." (Cl 1,15-17).

Desta vez, o ícone não oculta a luz; pelo contrário, ele a manifesta. É a própria luz que o envolve e encobre. A Revelação do Cristo não elimina o Mistério; pelo contrário, torna-o ainda mais profundo.

LOGION 84

Disse Jesus:
Ficareis alegres
no dia em que virdes
a quem sois semelhantes.
Mas, quando virdes vossos ícones,
os que existiam antes de vós,
que não morrem nem são manifestos,
como será impressionante!

(Cf. Lc 13,28; 1Cor 13,12; 2Cor 3,18)

A gnose não é um exercício de imitação exterior: procurar tornar-se semelhante a alguém e, ainda menos, ao Cristo. Imitá-lo só poderá ter como efeito uma "macaquice" ou uma caricatura. O Cristo não é um modelo exterior a ser imitado, mas uma fonte interior que se deve deixar jorrar e que deve ser seguida.

Além disso, segundo diz um texto patrístico, no dia do juízo, não nos será perguntado se fomos como São Francisco ou como Jesus, se nos tornamos semelhantes a este ou aquele santo, mas se fomos nós mesmos...

Cada um tem de se tornar o que é em si mesmo, tem de realizar o ícone que o dedo do Pai (o Espírito) desenha e informa em nós (o Filho).

Temos de descobrir nosso ícone essencial, "o que somos antes de ter existido". A imagem de Deus que não nasce, nem morre. Eis o motivo de nosso regozijo – "a criatura traz em si o incriado".

LOGION 85

Disse Jesus:
Adão nasceu com grande poder
e grande riqueza,
mas não foi digno de vós.
Se tivesse sido digno de vós,
não teria provado a morte.

(Cf. Rm 5,12-17)

A apocalíptica judaica e a teologia siríaca apresentam em relação a Adão uma série de contos e lendas semelhantes a nosso *logion*. Nos livros armênios de Adão, é narrado que Eva vê Adão depois de sua morte, resplandecente de luz como antes, quando estavam ambos no paraíso. Visões análogas podem ser encontradas em *Vita Adae et Evae*. Portanto, Adão estava revestido de luz e poder antes da "queda". Segundo as fontes rabínicas, o primeiro homem participava da Glória de Deus (cf. *Genesis Rabba*, XI,2). Era um ser luminoso cujo calcanhar fazia sombra à esfera solar; ele era a luz do mundo (cf. Fílon, *De opificio mundi*, 143 etc.).

Adão era um homem de luz, mas provou o fruto da árvore do conhecimento do bem e do mal, isto é, a árvore do conhecimento dual e subjetivo: "Chamo bem o que me agrada e mal o que não me agrada". Poder-se-ia ainda chamá-la de árvore do conhecimento egocentrado. O meu "pequeno eu" erige-se em juiz e critério do que é bom ou mau.

A gnose é abandonar essa forma de conhecimento egocentrado, conhecimento "mortal", para provar do fruto da árvore da vida que simboliza o conhecimento não dual ou conhecimento teocentrado, isto é, como será mostrado, mais tarde, por São João da Cruz: "conheço todas as coisas a partir de Deus, não a partir de mim mesmo; conheço os efeitos a partir da causa, não a causa a partir dos efeitos".

O juiz e o critério da verdade não é mais meu "pequeno eu" com suas memórias, seus medos, seus desejos, mas sim o Si-mesmo divino.

Nesse caso, já não provo o que é mortal, mas o Vivente de todas as coisas.

LOGION 86

Disse Jesus:
As raposas têm suas tocas
e as aves têm seus ninhos.
Mas o Filho do Homem não tem
onde reclinar a cabeça e repousar.

(Cf. Mt 8,20; Lc 9,58; Mt 11,28; lRs 19,20)

Nos evangelhos canônicos, este *logion* é introduzido pela observação do discípulo: "Mestre, seguir-te-ei para onde quer que fores"; então, Jesus lembra àquele que pretende segui-lo que ele não terá morada neste mundo.

A nossa dimensão "animal" tem necessidade de um território, de uma toca, de um ninho – haverá algo de mais legítimo? Mas a dimensão divina de nosso ser não pode encontrar aí repouso. O Filho do Homem nem tem ideia do lugar onde irá reclinar a cabeça. Permanece no Aberto. Encontra-se ao largo, onde já não é possível lançar a âncora.

"Se desejais conhecer Deus, vós deveis não só ser semelhante ao Filho, mas ser o próprio Filho", dizia Mestre Eckhart. Ser Filho é não ter amarras e, no entanto, encontrar seu repouso no que São João chama "o Seio do Pai".

No Evangelho da Verdade (p. 41-281) é feita menção, igualmente, à Cabeça do Pai como o lugar do repouso dos gnósticos. "Eles têm sua cabeça que é repouso para eles". Será que é possível imaginar a Cabeça de Deus? Pode-se imaginar que seja um pássaro, no infinito do Espaço. Ele deixa cantar o vento, sem se preocupar em deixar vestígios...

LOGION 87

Disse Jesus:
Miserável o corpo
que depende de outro corpo.
E miserável a alma
que depende desses dois.

Enquanto não for possível realizar em si as núpcias da unidade, a pessoa permanece no ciclo da dependência e do apego. Vive na dualidade dos desejos sexuais: um corpo tem necessidade de outro corpo para se realizar.

A criança nascida da relação desses dois dependentes vai obrigatoriamente entrar nesse ciclo da alienação e é assim que, de geração em geração, são transmitidas as mesmas carências, as mesmas insatisfações.

É raro que uma criança seja verdadeiramente desejada por si mesma. Mal nasce, já é "responsável" pelo amor dos pais e, inconscientemente, será culpabilizada se não mantiver a dependência deles!

Sim, "miserável é a alma que depende desses dois", mas bem-aventurada a alma que nasce de um amor gratuito e generoso.

LOGION 88

Os anjos, assim como os profetas,
virão junto de vós
e vos darão o que vos pertence.
E vós, também, deveis dar-lhes o que tendes nas mãos
e perguntai a vós mesmos:
Quando virá o dia
em que receberão o que é deles?

(Cf. Mt 10,8; 16,27; Mc 8,38; Lc 9,26; Ap 22,6)

Cada um de nós tem um "anjo", isto é, um nível de consciência mais vigilante, mais bem-orientado do que seu nível de consciência habitual. Estar atento à voz do anjo, como à voz dos profetas, é compartilhar cada vez mais a visão deles e alargar a nossa. Descobrir, assim, toda a luz de que somos capazes.

Para não perdermos essa luz que nos é dada, então, é necessário compartilhá-la, da mesma forma que a única forma de "guardar" o amor em nós é dá-lo. No entanto, não se deve acreditar que se dá algo.

A gnose, como a fé, não se comunica à maneira de uma catapora ou de um saber. Dá-se testemunho e, diante desse testemunho, poderá crescer no outro a chama que já está acesa nele.

LOGION 89

Disse Jesus:
Por que lavais a parte externa da taça?
Não compreendeis que aquele
que fez o exterior
também fez o interior da taça?

(Cf. Mt 7,14; Lc 2,49; Mt 23,25-26; Lc 11,39-40)

De novo, Jesus insiste sobre a não dualidade entre o Ser e a aparência, o interior e o exterior. Sair de qualquer duplicidade e hipocrisia, reencontrar a transparência.

Descobrir, também, que é o mesmo Um que reina fora e dentro.

O espaço no interior do vaso de argila é o mesmo que contém o universo. Um segundo de verdadeiro silêncio e encontramo-nos no âmago do Silêncio donde germinam todas as palavras criadoras...

LOGION 90

Disse Jesus:
Vinde a mim,
pois meu jugo é leve,
minha autoridade é suave
e encontrareis repouso em vós.

(Cf. Mt 11,28-30; Eclo 51,23-26)

Para os antigos, trata-se do jugo da Sabedoria. O que é um jugo senão o que mantém os dois bois amarrados juntos para que, con-jugando suas forças, possam puxar a charrua?

Por extensão, o jugo é a Sabedoria que mantém "os dois juntos". Alguns chegam mesmo a traduzir o termo jugo por *ioga*. Com efeito, trata-se da mesma etimologia: reunificar, manter junto o que estava separado ou dividido (o corpo, o coração e o espírito).

Jesus diz-nos que seu jugo é leve e sua autoridade suave. Faz eco do Filho de Sirac, o Eclesiástico. É a Sabedoria que fala:

> Aproximai-vos de mim, vós que não tendes instrução,
> frequentai a minha escola.
> Por que ainda careceis destas coisas
> e vossas almas se encontram tão sedentas?
> Eu abri a boca e falei:
> Comprai-a sem dinheiro,
> colocai o pescoço debaixo do jugo
> e vossas almas recebam a instrução,
> pois ela está perto, ao vosso alcance (Eclo 51,23-26).

No Evangelho de Mateus é acrescentado o esclarecimento: "Aprendei de mim que sou manso e humilde de coração e encontrareis repouso".

Cristo não diz: aprendei de mim a arte de fazer prodígios, curar todos os doentes ou desvelar os mistérios, mas aprendei de mim a mansidão e a humildade! Eis o caminho para chegar ao repouso e à paz!

É verdade que mansidão e humildade não são matérias ensinadas nas nossas universidades... onde se deve aprender, antes, a ser o mais forte e dominar os outros. No entanto, basta verificar isso em sua vida: a mansidão e a humildade são exatamente as duas chaves que nos abrem as portas da verdadeira gnose. Fazer algo com mansidão é esposar ainda mais a profundidade do que É. "Pisar mansamente a terra é descobrir o quanto ela é sagrada..."

Ser humilde, como o húmus, como a terra, é, mais cedo ou mais tarde, ser fecundado; é permitir que os outros sejam o que eles são, aceitar seus próprios limites, sua grandeza, e deixar que o Reino venha a manifestar-se em si, em tudo e em todos...

LOGION 91

Eles lhe disseram:
Dize-nos quem és
a fim de que possamos acreditar em ti.
Ele lhes disse:
examinais o aspecto
do céu e da terra,
e não reconhecestes
aquele que está diante de vós,
e nem sois capazes de apreciar
o momento presente.

(Cf. Mt 16,2; Lc 12,54-56; Mc 8,11; Jo 6,30; 7,3-5.27-28; 14,8-9)

Pedimos, incessantemente, provas para acreditar, como se desejássemos ficar convencidos, ser forçados... Jesus não tem provas ou explicações para dar. Ele é o que Ele É. Basta olhá-lo para vê-lo.

De novo, Ele lembra-nos o seguinte: o que continuamos a procurar alhures, já está aí – aqui e agora. Reconhecer o momento presente, experimentá-lo, saboreá-lo em todas as suas dimensões espaçotemporais e naquilo em que é tocado pelo que está para além do Espaço e do Tempo.

O gnóstico é Filho do Instante.

LOGION 92

Disse Jesus:
Procurai e encontrareis.
Ora, as perguntas que,
naqueles dias, me fizestes
e às quais não dei resposta
– hoje, comprazo-me em revelá-las;
mas já não me interrogais.

(Cf. Mt 7,7-8; Lc 11,9-10; Jo 13,7; 16,4; 12,23)

Instante após instante, devemos estar preparados e descobrir o que nos é revelado. O que mantém em nós essa qualidade de atenção e de disponibilidade. É a busca.

"Procurar para encontrar."

O Graal pode aparecer no mesmo instante em que deixamos de procurá-lo.

A resposta nos é dada no próprio momento em que esquecemos a pergunta...

LOGION 93

Não deis o que é sagrado aos cachorros,
para não acontecer que eles considerem isso como esterco.
Nem atireis pérolas aos porcos,
para que estes não as transformem em lixo.

(Cf. Mt 7,6; Lc 14,35)

"Vejo o mundo tal como eu sou", dizia Paul Éluard. Escutamos as palavras do Evangelho e temos tendência a reduzi-las ao nosso nível. A transformá-las segundo o nosso grau de compreensão, em vez de nos deixarmos transformar por elas e, assim, entrarmos no "entendimento do Cristo".

Bouvard e Pécuchet nunca olhavam para o céu porque – diziam eles – "o céu não é comestível...". Não lanceis vossas pérolas aos porcos; estes procurariam algo de "comestível", em vez de se iluminarem com sua luz. Existe uma certa forma de ler as Escrituras, analisá-las, dissecá-las, que é propriamente porcina... procuramos aí noções, conceitos; passaremos ao lado do Sentido, se não houver em nós desejo harmonizado com a sua luz.

"As coisas sagradas para os santos!" proclama a liturgia de São João Crisóstomo. Não é possível penetrar nas profundezas do Sagrado, sem transformação da nossa consciência, sem "afinar" o que há de mais sagrado em nós com o que há de mais sagrado nele.

Existem olhos que transformam em lixo tudo o que veem. O olhar dos santos nunca vê o diabo nos outros, uma vez que já não o têm em si. "O semelhante conhece o semelhante." Nas situações em que alguns só conseguem ver o mal, eles veem Deus...

LOGION 94

Disse Jesus:
Quem procura, encontrará
– e a quem bate de dentro, abrir-se-lhe-á.

(Cf. Mt 7,8; Lc 11,10)

"Pedi e recebereis", dizem ainda os evangelhos. Mas pedir o quê? Não sabemos o que é bom para nós, nem sabemos o que é bom para os outros.

"Não sabemos rezar como deve ser". É preferível deixar o Espírito rezar em nós e dizer: "Abba! que Teu Nome seja santificado, que Tua Vontade seja feita, que Teu Reino venha..."

Caso contrário, corremos o risco de não sermos atendidos; no entanto, o fato de sermos atendidos não significa que isso era para nós o que havia de melhor...

Existe um provérbio que diz: "Se Deus deseja punir alguém, acolhe favoravelmente sua prece". O que é bom a curto prazo, pode se revelar ruim a longo prazo e vice-versa... É preferível, talvez, ficar calado, mas conservar vivo no coração seu desejo e sua sede.

A única oração que não pode deixar de ser acolhida favoravelmente, diz-nos o Evangelho, é a demanda do Espírito Santo: "Se vós, que sois maus, sabeis dar coisas boas a vossos filhos, quanto mais vosso Pai dará o Espírito Santo àqueles que lhe pedirem".

"Batei e abrir-se-vos-á."

Aí também, é bom lembrar-se de que a porta nem sempre se abre do lado que se julga, como é testemunhado pela estória do homem que tentava, inutilmente, abrir uma porta, fazendo força, empurrando com toda a sua energia... Ao cair ao pé da porta, esgotado, esta abriu-se por si mesma – no outro sentido, do interior...

LOGION 95

Disse Jesus:
Se tendes dinheiro,
não o empresteis a juros,
mas dai-o àquele
de quem nada recebereis em retorno.

(Cf. Ex 22,24; Dt 23,20; Mt 5,42; Lc 6,30)

O sinal da transformação real do coração é o sentido da gratuidade.

Amar, sem nada esperar em retorno.

Dar seu perfume como faz a rosa, sem indicar seu preço.

A gratuidade é o que introduz em nós a graça, o incriado. É realmente algo que não é deste mundo uma vez que este é o mundo dos juros, dos cálculos... Amar, dar, emprestar, de maneira desinteressada (o que não significa indiferente) é, sem dúvida, o testemunho evangélico mais puro que possa ser dado.

"O que recebestes gratuitamente, dai-o gratuitamente!"

Quando esta gratuidade penetra nas nossas existências, sentimos uma certa leveza, uma certa qualidade de ser que – um dia – nos fará compreender que, de fato, nem tudo é absurdo; pelo contrário, "tudo é graça" e viver não tem preço.

LOGION 96

Disse Jesus:
O Reino do Pai pode ser comparado
à massa na qual uma mulher misturou
um pouco de fermento.
A massa se transforma e torna-se pão bom.
Quem tem ouvidos,
ouça!

(Cf. Mt 13,33; Lc 13,20-21; 1Cor 5,6; Gl 5,9)

Lucas esclarece que o fermento foi misturado em três medidas de farinha.

Qual é esse fermento que deve fazer levedar "a massa humana" em sua tríplice dimensão: somática, psíquica e espiritual? Alguns dizem que é o amor, enquanto outros falam do conhecimento, como se um e outro pudessem estar separados. O Amor-luz faz desabrochar o corpo, expande o coração, abre o espírito. Coloca o homem de pé, ereto, como uma manhã de Páscoa.

A informação criadora, esse ínfimo infinito que nos trabalha interiormente, é que nos faz passar do estado de farinha ou de massa informe para o estado de pão bom.

Mas ainda é necessário deixar-se amassar, aceitar estar "na amassadeira"*, no momento em que a mulher – isto é, a *Sophia*, a Sabedoria – nos prepara para entrarmos no Fogo ou Forno Divino.

É aí que a obra do fermento se completa, quando o pão fica dourado e quando somos luz...

---

* No original, *être dans "le pétrin"* – expressão familiar que significa estar numa situação difícil, no aperto [N.T.].

LOGION 97

Disse Jesus:
O Reino do Pai
pode ser comparado
a uma mulher que levava uma vasilha cheia de farinha.
Enquanto caminhava por uma longa estrada,
quebrou-se a orelha da vasilha
e a farinha derramou-se, atrás da mulher, na estrada.
Não sabendo de nada,
ela não ficou preocupada.
Tendo chegado em casa,
colocou a vasilha no chão
– só então descobriu que estava vazia.

(Cf. Pr 7,19; Mt 26,7; 2Cor 4,1; Rm 9,22)

O melhor paralelo deste *logion* encontra-se no Evangelho da Verdade (p. 36-20s.):

> Os que Ele [o Pai] ungiu
> são os gnósticos
> porque são recipientes plenos
> que, em geral, são cuidadosamente selados.
> Mas quando a ação de um deles se dispersa
> ele fica vazio; ora, a causa que o torna deficiente
> é o local por onde sua unção se escoa.
> No entanto, nenhum selo será retirado e nada será
> esvaziado daquele que permanecer sem deficiência.

Assim, nós somos essa mulher ou essa vasilha repleta de farinha que pode tornar-se pão bom. Somos a humanidade chamada para a Transfiguração.

Mas o caminho é longo. A orelha da vasilha pode se quebrar... É através do ouvido que escutamos a palavra. Se a orelha da vasilha se quebra – se o ouvido fica desatento –, pode perder sua farinha. Assim, perdemos nosso tempo, nossa humanidade. Deixamos de conservar em nós a palavra, a informação criadora. "Isso entra por uma orelha e sai pela outra."

No momento do regresso, com amargura, descobrimos tarde demais que perdemos nosso tempo, nossa vida – a vasilha está vazia.

Neste *logion*, Jesus nos previne contra a inconsciência, a desatenção (o fato de não nos preocuparmos); tal vivência pode lembrar a parábola das virgens prudentes e das virgens tolas em que é recomendado "permanecer vigilante".

Na gnose valentiniana, a *Sophia* – a Sabedoria – pode se perder no afastamento, no "esquecimento do Ser" ou na inconsciência.

A gnose não é um saber acrescentado, mas uma consciência cada vez mais viva, em cada passo dado no caminho do conhecimento de si – um ouvido e um corpo atentos à proximidade do Ser.

LOGION 98

Disse Jesus:
O Reino do Pai
pode ser comparado
a um homem que deseja matar um personagem importante.
Antes, em casa, tira a espada da bainha
e traspassa a parede para saber se sua mão é resistente.
Então, está em condições de matar o personagem importante.

(Cf. 1Rs 18,11; Mt 26,51; Lc 14,28-32; Ef 2,14; Ez 12,1-12)

Para matar o personagem importante, ou aquele que se julga como tal – isto é, nosso ego com suas pretensões e as imagens que tem de si mesmo – é necessário, em primeiro lugar, lutar contra o muro, contra o que separa: contra o que nos separa de Deus, contra o que nos separa uns dos outros. Fazer um buraco no muro, tirar a espada da bainha para abrir uma passagem.

Quando o muro estiver esburacado, então, o personagem importante poderá ser morto porque ele encontra sua força, sua "identidade" na oposição ao que está à sua volta. O ego é uma imensa contração, um mecanismo de defesa contra o fluxo da vida que nos carrega e nos leva.

Mas é possível interpretar este *logion* em um sentido puramente ético: contrariamente à mulher descuidada que deixou derramar a farinha, o homem vigilante prepara-se – como nos *logia* 21, 76 e 103 – para lutar contra os salteadores.

É necessário ter a mão, o espírito "resistentes" para lutar contra as pulsões de morte que habitam em nós: "o Inimigo do Vivente" é também uma realidade que é necessário saber desmascarar.

LOGION 99

Disseram-lhe os discípulos:
Teus irmãos e tua mãe estão lá fora.
Ele lhes respondeu:
Os que fazem a vontade de meu Pai,
esses é que são meus irmãos e minha mãe
– e esses é que entrarão
no Reino de Deus.

(Cf. Mt 12,46-50; Mc 3,31-35; Lc 8,19-21; Jo 15,6)

De novo, Jesus relativiza os vínculos de parentesco e de família. Os vínculos carnais não são suficientes. Estabelecem-se fora do Reino. É necessário, sobretudo, a harmonia das inteligências e a orientação comum do coração para o Essencial e o Único Necessário...

É no reconhecimento compartilhado de nossa filiação divina que nos tornamos todos irmãos...

O que torna possível a fraternidade é o Pai. "Matar o Pai" é, também, pôr termo à fraternidade.

Moisés acabou compreendendo que era sua relação com a Transcendência que fazia a Unidade de um povo. Se a Transcendência ficar reduzida simplesmente à do Estado, haverá um risco de totalitarismo e de uniformização que são caricaturas de unidade, justaposição de indivíduos, talvez, de "camaradas", mas ainda não de irmãos.

LOGION 100

*Mostraram a Jesus uma moeda de ouro
e disseram-lhe:
Os representantes de César exigem de nós o pagamento dos
impostos.
Ele lhes respondeu:
Dai a César o que é de César.
Dai a Deus o que é de Deus
e dai a mim o que é meu!*

(Cf. Mt 22,17-21; Mc 12,14-17; Lc 20,22-25; Jo 17,10)

Dar a César o que é de César é a primeira coisa a fazer. Estar em ordem com o mundo, a matéria, segundo justas relações com os outros e a sociedade.

Dar a Deus o que é de Deus, isto é, o louvor, a adoração, porque "Tudo é dele, por Ele e para Ele". Trata-se de um ato de inteligência: a partir dos efeitos, reconhecer a causa, mesmo se esta permanece desconhecida e inominável.

Dar a Jesus o que é de Jesus é descobrir nele a ponte entre a Divindade e a humanidade, entre César e Deus. Estabelecer o vínculo, tornar-se o que Ele É; com efeito, como Ele próprio diz na *Pistis Sophia* (p. 147-310): "Todo homem é eu e eu sou todo homem".

Em alguns textos gnósticos, encontra-se, igualmente, o tema do "Salvador a ser salvo". Jesus só poderá ser livre depois que tiverem sido reunidas suas parcelas de divindade dispersas na matéria. Assim, o que lhe pertence é a centelha do Espírito que devemos despertar a fim de que esta venha a elevar-se nele "para o Pai".

LOGION 101

Disse Jesus:
Quem não odiar o pai e a mãe,
como eu,
não poderá tornar-se meu discípulo.
E quem não amar o pai e a mãe,
como eu,
não poderá tornar-se meu discípulo;
porque minha mãe gerou-me para a morte,
quanto à minha verdadeira mãe,
deu-me a vida.

(Cf. Mt 10,37; 19,29; Mc 10,29; Lc 14,26; 18,29; Gn 3,20; Jo 10,28)

O importante é amar e odiar – "como Jesus" – pai e mãe, isto é, amá-los pelo fato de serem o que são e não permanecer debaixo de sua dependência. Isso nos levaria a esquecer nosso segundo nascimento e a mãe que nos gerou, não para morrer, mas para conhecer a verdadeira vida.

Sabe-se que, em hebreu, a palavra *ruah* – que, geralmente, é traduzida por "espírito" ou "sopro" – é do gênero feminino. Em uma sociedade patriarcal e na esteira de Jesus que revela seus mistérios a mulheres (cf. a Samaritana e Maria Madalena no Jardim da Ressurreição), os gnósticos reabilitam o aspecto feminino e materno de Deus.

É claro, Deus não é "masculino", nem "feminino" – Ele é o Incriado, o que está para além de todas as imagens –, mas é importante equilibrar as imagens e os símbolos através dos quais se tenta falar dele.

Assim, a *Sophia* – a Sabedoria ou a Mãe Divina – tem seu lugar nos textos gnósticos. Nos Atos de Tomé (C 27, C 50), o Espírito é invocado sob o nome de Mãe. No maniqueísmo, ela é chamada, muitas vezes, a Mãe da Vida ou dos Vivos. No Evangelho de Felipe, diz-se que Adão recebeu o sopro de sua mãe (N.H. 11,3-70 etc.).

Na vida armênia de Adão e Eva, o Messias é Filho do Espírito Santo. É possível, igualmente, estabelecer um paralelismo com os fragmentos conservados do Evangelho segundo os hebreus nos quais o Espírito Santo fala de Jesus como de seu filho, de seu "primogênito", e Jesus fala do Espírito Santo como de sua mãe no momento em que é transportado para o alto do Tabor. Segundo a recomendação do Mestre, os discípulos devem ser como Ele, ou seja, filhos do Espírito Santo (cf. *Epistula Jacobi*, p. 6, 19, 20). No Evangelho segundo Felipe, na sent. 17, o Espírito Santo parece ser o companheiro celestial do Pai.

Com toda a certeza, não se trata de fixar ou coisificar os símbolos, mas de captar seu sentido. O Ser reúne em si tanto as qualidades ditas femininas quanto as qualidades ditas masculinas. Aliás, não é verdade que, ao falar de Deus, a Bíblia hebraica apresenta-o não só como um Pai, um Juiz intransigente, mas também como Mãe, plena de ternura?

Rigor e clemência, verdade e misericórdia, tais são os nomes metafísicos do Pai e da Mãe celestiais. O Filho é a Imagem e a Semelhança de ambos, aquele que encarna os dois em UM.

LOGION 102

Disse Jesus:
Ai dos fariseus!
São como um cão
deitado na manjedoura dos bois.
Não come,
nem deixa que os bois comam.

(Cf. Pr 14,4; Is 56,10; Mt 23,13-27; Lc 2,7)

Neste *logion*, o fariseu é um homem infeliz. Julga "saber", mas nem chega a se conhecer. O que ensina só poderá distrair do essencial e ocupar na mente dos que o escutam o próprio lugar do Vivente.

Ele não se conhece e impede que os outros se conheçam. Não está em comunhão com o Vivente e impede que os outros possam viver, esmagando-os com conselhos e preceitos que ele próprio não põe em prática.

Infeliz aquele que fala de alegria e de amor com lábios amargos e caninos prontos para morder, mal termine seu discurso...

LOGION 103

Disse Jesus:
Bem-aventurado o homem que sabe
em que hora da noite virão os ladrões.
Despertará,
reunirá forças
e preparar-se-á para a luta,
antes que eles cheguem.

(Cf. Mt 24,36.43-44; Lc 11,8.21-22; 1Pd 1,13)

"Permanecer vigilante", ser forte, bem-centrado, não dispersar suas forças, estar bem-preparado... tais são as condições para não perder a serenidade na hora da provação, no momento em que vier o ladrão de nossas energias, o inimigo do Vivente.

Uma outra condição: conhecer a hora em que ele virá, isto é, de novo, conhecer-se, conhecer seus momentos de fraqueza ou depressão. Conhecer a hora de suas dúvidas e os desejos de suas noites...

LOGION 104

Disseram-lhe:
Vem; hoje, queremos rezar e jejuar.
Disse Jesus:
Que pecado cometi?
Ou em que aspecto fui vencido?
Quando o esposo sair da câmara nupcial,
então,
será necessário jejuar e rezar.

(Cf. Mt 9,14-15; Mc 2,18-20; Lc 5,33-35; Jo 3,29; 8,34; Rm 12,21)

Quando se está na presença de alguém, será que se pensa nele? Está-se com ele.

Se Deus está realmente presente, não há mais lugar para rezar ou jejuar. Sua presença preenche tudo.

A câmara nupcial está repleta de seu perfume...

Mas, por vezes, acontece que o Esposo sai da câmara, isto é, deixamos esse estado de união entre o criado e o Incriado; nesse caso, devemos rezar e jejuar para voltar a esse estado...

Voltar do "exílio da *Shekinah*", dizem os rabinos, deixar de estar exilados da Presença, repousar-nos em seus aposentos privados...

LOGION 105

Disse Jesus:
Quem conhece o pai e a mãe
será chamado filho de prostituta?

(Cf. Jo 8,18-19.41-44)

Eis como Ménard traduziu este *logion*: "Quem vier a conhecer pai e mãe será chamado filho de prostituta", acrescentando que conhecer pai e mãe é estar na carne e, portanto, estar prostituído à matéria.

Mas a qual pai e a qual mãe se refere o texto? Não seria o Pai e a Mãe divinos mencionados nos *logia* precedentes?

Além disso, pode se perguntar se o copista não teria escrito: *p'šére m'porné* ("filho de prostituta"), em vez de *p'šére m'prôme* ("filho do homem")?

Com efeito, esse termo encontra-se no versículo seguinte e era, talvez, a palavra-gancho que ligava as duas sentenças (cf. R. Kasser). Nesse caso, o sentido seria claro: todo gnóstico que vier a conhecer o Pai e a Mãe celestiais será Filho do Homem.

LOGION 106

Disse Jesus:
Se fizerdes de dois – UM –
sereis Filhos do Homem.
E se disserdes:
Montanha, afasta-te,
ela afastar-se-á.

(Cf. Mt 17,20; Lc 17,6; Mc 11,22-23)

De novo, a lembrança de que é na unificação de todas as nossas dualidades: matéria-espírito, homem-mulher, criado-incriado etc. que nos tornamos Filhos do Homem, isto é, plenamente, divinamente humanos.

A fé, a paz, a unidade: "contra tais coisas, não há lei", não há montanhas que resistam. Os obstáculos afastam-se para deixar passagem ao Vivente.

No comentário a Jr 31,17, os *Libri graduum* ensinam que temos de nos tornar esse Vivente, esse Filho do Homem, isto é, novas criaturas no Cristo como era Adão antes de sua queda na dualidade.

"Rezai para que eles se tornem todos Filhos do Homem" pela integração e realização de todas as suas potencialidades (*Libri graduum*, col. 737,24).

LOGION 107

*O Reino é semelhante a um pastor
que tinha cem ovelhas.
Uma delas desgarrou-se.
Era a melhor.
Ele deixou as noventa e nove
e se preocupou unicamente com essa
até que conseguiu encontrá-la.
Depois de tanta canseira, disse à ovelha:
Eu te amo mais do que as outras noventa e nove.*

(Cf. Mt 18,12-13; Lc 15,4-8)

Existem diferentes leituras para esta parábola da ovelha perdida. Em primeiro lugar, a de Valentim que não é, propriamente falando, "gnóstico", mas antes "gnosticizante". Basta nos lembrarmos da distinção que se deve conservar entre gnose e gnosticismo: este não passa de um fenômeno histórico dos primeiros séculos do cristianismo, enquanto a gnose é uma atitude do coração e da inteligência orientada para a apreensão, além de todos os modos, da Divina Presença, seja qual for a época na qual essa atitude de conhecimento se manifeste.

Para Valentim, "é Jesus o pastor que deixou as noventa e nove ovelhas que não se extraviaram; foi à procura daquela que se tinha desgarrado; alegrou-se quando a encontrou: porque noventa e nove é um número que é contado com a mão esquerda que o conserva. No entanto, quando se encontra o 'Um' é todo o número inteiro que se desloca para a mão direita: assim, acontece com aquele que tem falta do Um, isto é, a mão direita inteira, que atrai o que é deficiente, toma-o da parte esquerda e o desloca para a direita, e assim o número torna-se cem" (alusão a uma antiga maneira de contar: até 99 com a mão esquerda e 100 com a mão direita).

Compreende-se, assim, a razão pela qual a centésima é a mais importante, a melhor: ela permite passar da mão esquerda para a direita, de um estado de consciência para outro...

Encontra-se essa mesma interpretação no Evangelho da Verdade: "Ele é o Pastor que deixou as 99 ovelhas que não se extraviaram. Foi à procura daquela que estava desgarrada e alegrou-se ao encontrá-la porque 99 é um número que se conta com a mão esquerda. Mas quando ele encontrou o Um, o número inteiro passa para a mão direita".

A interpretação inspirada nos textos canônicos é diferente: tende a mostrar a infinita Misericórdia de Deus que deseja "que todos os homens sejam salvos e cheguem à plenitude da Verdade"; "assim, há mais alegria por um só pecador que se converte do que por 99 justos que não têm necessidade de conversão".

No Evangelho de Lucas, este *logion* é seguido pelas parábolas da dracma perdida e do Filho pródigo. Elas mostram "a expectativa de Deus e o quanto o fundo de seu Ser é Misericórdia..."

Neste episódio, uma interpretação psicologizante veria o itinerário de um processo de liberação e de maturação. Com efeito, é necessário, antes de tudo, "sair do rebanho", afirmar-se a si mesmo, tornar-se único; nesse caso, pode-se voltar às fileiras, mas com um coração livre, lavado pelo amor e pelo perdão do pastor. Já não é o caso de "suportar" sua presença, mas dar-lhe testemunho da afeição que lhe é devida...

Uma leitura mais metafísica lembrar-nos-ia que perdemos o contato com o Um, o Si-mesmo, o Único Necessário, ou ainda, com o que há de melhor em nós mesmos... Perdemos nosso centro, esse ponto de coesão e de harmonização dos diferentes níveis de nosso ser. A ovelha perdida é semelhante, então, a um bode... é ele que faz a unidade do rebanho, que reúne nossos sentidos e nossos pensamentos sempre prontos a se extraviarem; daí, a importância de reencontrar esse centro a fim de que, de novo, tudo fique em ordem à sua volta. "O Pastor do Ser, dizia Heidegger, ficará contente!"

LOGION 108

Disse Jesus:
Quem beber da minha boca,
tornar-se-á como eu,
e eu serei ele,
e as coisas ocultas ser-lhe-ão reveladas.

(Cf. Mt 26,48; Mc 14,44; Jo 7,37; 6,53)

Um texto de João exprime – com uma tonalidade diferente – uma realidade idêntica à deste *logion*: "Se não comerdes a carne do Filho do Homem e não beberdes o seu sangue, não tereis a vida em vós".

Temos de nos assimilar ao Cristo, temos de nos deixar totalmente in-formar pela sua palavra, tornarmo-nos Ele.

Remontar da palavra ao sopro que está na própria boca do Cristo. A Tradição judaica diz-nos que Moisés morreu com um "beijo de Deus": a borboleta entrou na Sarça Ardente e tornou-se fogo.

"Quem está perto de mim, está perto do fogo", dizia Jesus em outro *logion*. O que sobrará de nós se deixarmos que Ele nos beije, nos incendeie? Ele!

LOGION 109

Disse Jesus:
O Reino pode ser comparado
a um homem que,
sem o saber,
possuía em seu campo um tesouro escondido.
Ao morrer, deixou o campo ao filho.
Como este também não sabia de nada,
tomou posse do campo e o vendeu.
Ao lavrar o campo,
o comprador encontrou o tesouro.
Começou a emprestar dinheiro a juros
a quem o desejasse.

(Cf. Mt 13,44; Lc 14,18)

Segundo alguns intérpretes, o proprietário poderia designar o judeu, o filho designaria o cristão, enquanto o comprador designaria o gnóstico. O tesouro seria o elemento espiritual* culto no homem (cf. Clemente de Alexandria, *Ped.* III,36,2). Segundo os naassênios, o tesouro é o Reino do Céu que repousa no gnóstico. A menção dos "juros" poderia, então, significar a grande riqueza espiritual* que deve ser multiplicada (cf. Hipólito, *Elenchos* V e Evangelho segundo Felipe, sent. 22).

De forma geral, a parábola pretende ilustrar que a maioria dos homens nem suspeita do tesouro que está oculto neles: "O Si-mesmo, incrustado no coração de cada criatura, é mais ínfimo do que o infinitamente pequeno, mais luminoso do que o infinitamente grande" (Katha Upanishad). Nós ignoramos a Presença desse tesouro; inclusive aqueles que pretendem ser Filhos ignoram sua herança; nesse caso, o passante, o estrangeiro, aquele que lavra, aquele que trabalha a sua terra, é que descobrirá o tesouro.

---

* No original, *pneumatique* (de *pneuma*, ou seja, o sopro, a dimensão espiritual do ser humano); cf. comentário dos *logia* 21 e 112 [N.T.].
Cf. tb. *Prefácio* de CREMA, Roberto. In: LELOUP, Jean-Yves. *Cuidar do Ser*: Fílon e os Terapeutas de Alexandria. 2. ed. Petrópolis: Vozes, 1997.

LOGION 110

Disse Jesus:
Quem encontrou o mundo
e se tornou rico,
deve renunciar ao mundo.

(Cf. Mt 16,24)

Como no *logion* 81, Jesus lembra-nos que só se pode renunciar àquilo que se possui. Não se renuncia ao que nos falta, mas nem sempre é necessário ter sido muito rico ou poderoso para conhecer, como diz a sabedoria popular, "que o dinheiro não dá a felicidade" e a fragilidade do que consideramos como poder. No entanto, uma vez mais, ir além do ego é uma realização de nossa humanidade, não uma castração ou amputação do que somos chamados a nos tornarmos. O transpessoal é imersão de toda a pessoa na dimensão divina, não uma regressão a um estado pré-pessoal de fusão com a natureza. A beleza impessoal de um rochedo ou de uma joia não é a beleza transpessoal do homem ou da mulher divinizados pela graça.

Um gnóstico que vivia de maneira particularmente simples, até mesmo austera, e que tinha condições – segundo seu nascimento, suas relações e seus diplomas – para viver de uma forma completamente diferente, foi interrogado, um dia, sobre o motivo que o levara a renunciar ao mundo. Eis a sua resposta: "Nunca renunciei ao mundo. Nunca deixei o que quer que fosse, mas progressivamente foi o mundo que renunciou a mim; foram as riquezas que me abandonaram... sem dúvida, deixei de ter necessidade delas".

Em sua obra, *Subida do Monte Carmelo*, São João da Cruz observa, igualmente, que não somos nós que, em determinado momento, abandonamos o mundo, mas é verdadeiramente o mundo que nos deixa. Aquilo que nos dava prazer, de repente, já não nos diz nada. Um certo número de encontros e diversões que despertavam nosso interesse, de repente, tornam-se enfadonhos. Ele chega mesmo a afirmar que determinadas práticas religiosas que nos davam algum consolo, de repente, nos abandonam. É o sinal de nossa entrada em uma contemplação menos tangível, algumas vezes, menos "mundana". É o momento de "ir nu para aquele que está nu".

LOGION 111

Disse Jesus:
Os céus e a terra enrolar-se-ão diante de vós.
Aquele que vive do Vivente,
não conhecerá o medo nem a morte
porque foi dito:
O mundo não é digno
daquele que se conhece.

(Cf. Is 34,4; Mt 24,34; Mc 13,31; Lc 21,33; Jo 8,51; Hb 1,12; Ap 6,14)

Para alguns comentaristas, este *logion* 111 seria o último. Trata-se aí do fim do mundo (Apocalipse e Parusia) e do conhecimento de si que nos conserva livres, "sem medo", diante do que acontece ou deve acontecer. É interessante manter juntos estes três termos gregos: *apokalypsis, parousía* e *gnósis*, em seu sentido profundo.

Apokalypsis significa: revelação, desvelamento. O dia do Apocalipse é o dia da Revelação e do Desvelamento do que É. Nesse sentido, todos nós vivemos momentos de apocalipse, agradáveis ou desagradáveis, e esse termo não é reservado para o fim do mundo tal como este possa ser imaginado. No entanto, trata-se realmente do fim de um mundo, o de nossas representações e de nossas construções mentais. Vemos as coisas tais como elas são, e não tais como as imaginamos ou pensamos. "Com o desabamento de nosso pequeno mundo que criamos para nós, entramos no mundo Real."

"Os homens adormecidos vivem cada um em 'seu' mundo. Os Vigilantes vivem juntos no mesmo mundo."

O Dia do Apocalipse é também o dia em que Deus se revela a nós tal como Ele É.

"Então, seremos semelhantes a Ele porque vê-lo-emos tal como Ele É", diz-nos a Primeira Epístola de São João; não tal como o tínhamos pensado ou imaginado, mas "tal como Ele É."

Dia terrível ou dia de alegria? Veremos o Amor e quão pouco amamos. Veremos que nossa vida era originária do Vivente, e quão pouco usufruímos de nossa filiação divina. Veremos que éramos luz, oriundos da Luz, e veremos todo esse tempo perdido, passado a brincar com as sombras.

O Dia do Apocalipse, do Desvelamento, é também o dia da Parusia.

Parousía, em grego, significa: Presença. E esse termo também não deve ser reservado para a "segunda vinda do Cristo no fim dos tempos" porque, desde agora, podemos conhecer momentos de parusia, momentos em que Sua Presença se faz total em nós. "Ele preenche tudo, já não sou eu que vivo, mas o Cristo que vive em mim", dizia São Paulo.

Um santo é alguém que está repleto do "Espírito", que é totalmente habitado pela Presença do Amor. Ele encarna o fim do mundo e o fim do homem, isto é, sua finalidade, a Plenitude de Presença à qual somos chamados.

A gnose ou o conhecimento de si é o que irá permitir a realização do Apocalipse e da *parousía*. Com efeito, o conhecimento de si é um processo de desvelamento, ou seja, de "apocalipse em apocalipse", vamos descobrindo tais como nós somos.

Nessa nudez, a Presença, a *parousía* do Ser pode, então, se manifestar. "Quando nossa taça estiver vazia de todas as suas imundícies, então, poderá ficar cheia com vinho novo."

Apokalypsis, *parousía* e *gnósis*: esse tríplice procedimento de transformação pessoal é o que irá permitir a transformação do mundo. Apressar o "retorno ou a manifestação do Cristo, a chegada de Seu Reino". Eis aí uma atitude realista: para transformar o mundo, é necessário começar pelo único lugar em que nossa ação pode ser realmente eficaz, a saber: nós mesmos! A esse propósito, é conhecida a estória do homem que, em determinada noite, sonhou que Deus lhe pedia para salvar o mundo. "Pois não, Senhor", respondeu ele. E logo nessa manhã, decidiu meter mãos à obra. Teve, então, de se colocar a pergunta: Por onde vou começar a salvar o mundo? Pelo meu país, é claro. Mas, em meu país, por onde vou começar? Pela minha própria cidade, é claro. Mas, na cidade, por onde vou começar? Pela minha própria casa, é claro. E na minha própria casa, por onde vou começar... por mim mesmo!

A articulação entre os três termos – *apokalypsis*, *parousía* e *gnósis* – está, igualmente, bem-ilustrada na Primeira Epístola de São João:

> "Caríssimos,
> agora somos filhos de Deus (*gnósis*), embora ainda não se tenha manifestado o que havemos de ser. Sabemos que, quando Ele aparecer (*parousía-apokalypsis*), seremos semelhantes (*gnósis-parousía*) a Ele, porque o veremos tal como ELE É (*apokalypsis*). E todo aquele que tem essa esperança nele, purifica-se, assim como Ele é puro (*gnósis*)" (cf.1Jo 3,2-3).

LOGION 112

Disse Jesus:
Ai da carne
que depende da alma.
Ai da alma
que depende da carne.

Jesus não diz que a carne seja má e que somente a alma seja boa. Também não diz que a alma seja má ou ilusória e que somente o corpo seja bom. De novo, recusa entrar no debate que opõe materialismo e espiritualismo. Neste *logion*, recusa a dependência, a falta de autonomia que pode existir nas relações entre a carne e a "alma". A dependência, a confusão impedem de viver cada nível de ser, em sua particularidade, e a plenitude que lhe é própria. Os prazeres da carne são diferentes dos prazeres da alma e trata-se de saboreá-los segundo sua ordem.

Segundo outra interpretação deste *logion*, o Cristo poderia, igualmente, nos lembrar que somos infelizes enquanto vivemos no nível "psicossomático". Somente a presença do *pneuma* (o Sopro, o Espírito) é que pode garantir a liberdade às diferentes dimensões de nosso ser: à *psyché* (a alma) e ao *soma* (o corpo), "sem os confundir ou opor".

LOGION 113

Perguntaram-lhe os discípulos:
Quando virá
o Reino?
Jesus respondeu:
Não é pelo fato de alguém estar à sua espera que o verá chegar.
Nem será possível dizer: Está ali,
ou está aqui.
O Reino do Pai
está espalhado por toda a terra
e os homens não o veem.

(Cf. Lc 17,20-21; Mt 24,3; 1 Cor 2,9; Hb 11,1)

Em vez de colocar a pergunta: "Mas onde é que está Deus?", talvez fosse preferível perguntar: "Onde é que Ele não está?" Tudo é manifestação de Sua Presença. Tudo o que existe é participação em Sua Existência.

Poder-se-ia acrescentar: "Mas será que Deus está presente também no mal, no sofrimento, no massacre dos inocentes?"

Em Dachau, no dia em que uma criança era conduzida para o forno crematório, um homem formulou – com toda a violência e indignação de um coração dilacerado – esta pergunta: "Mas, então, onde está Deus?" Seu amigo, prisioneiro como ele e, sem dúvida, votado ao mesmo destino, com um movimento do dedo (que se assemelha ao dedo de João Batista designando o Cordeiro levado ao matadouro), apontou a criança: "Deus está aí!" E é verdade que Ele estava aí, crucificado, abandonado, inocente queimado pela fera e pela estupidez humanas.

O ensinamento de Jesus lembra-nos que Deus está em toda a parte, em tudo o que é. Tanto no sofrimento como na beleza. Floresce no frescor da papoula e é esmagado na criança atropelada pelo ônibus. Quem teria a ousadia de ver isso?

Presença que irradia ou Presença crucificada. "Ele está presente em toda a parte e preenche tudo." E Jesus pode dizer: "Tudo o que fizerdes ao menor dentre os homens é a mim que o fazeis". Portanto, não se trata de espreitar aqui ou ali, mas, de novo, abrir os olhos para o que está à nossa frente e "cuidar" de tudo o que existe.

No entanto, existe um lugar em que Deus não está: estamos falando do coração que se fecha ao amor, que recusa o perdão e mantém a amargura. "O inferno é não amar!"

No entanto, existe um lugar em que Deus não está: estamos falando da inteligência que se fecha à luz, que já não procura compreender, que mantém a ignorância e a dúvida.

A Tradição diz-nos que o Cristo desceu aos infernos, a esses estados de consciência em que, realmente, a pessoa não deseja mais amar, não deseja mais procurar compreender. Ele encontrou o inevitável: o sofrimento, o absurdo, a traição, a morte. Encontrou a fera e a estupidez humanas; não desviou o olhar. Lançou – sobre os infernos – o mesmo olhar manso e amante que tinha lançado sobre os amigos João, Tomé e os outros, sobre Maria, sua bem-amada, sobre Zaqueu, sobre a mulher adúltera ou sobre todos os estropiados que se agarravam ao seu manto... Olhou o que havia de infernal no homem e não cessou de amá-lo. Como seria possível que alguém que tivesse sentido – nem que fosse por um instante – esse olhar de infinita ternura, lançado sobre o fundo de si mesmo, não viesse a erguer-se "vivo" do mais sombrio dos infernos?

LOGION 114

Disse-lhe Simão Pedro:
Maria deve afastar-se do meio de nós
porque as mulheres
não são dignas da vida.
Respondeu Jesus:
Eis que hei de guiá-la
para que se torne homem.
Ela virá a ser, também,
um sopro vivo, semelhante a vós, homens.
Com efeito, toda mulher que se fizer homem
entrará no Reino de Deus.

(Cf. Mt 19,12)

Em ligação com este *logion*, seria interessante citar o Evangelho segundo Maria (cf. *Codex de Berlim*). Encontramos aí Pedro que encarna uma atitude patriarcal e negativa em relação às mulheres. Encontramos, igualmente, o tema do "homem perfeito" que integrou nele o masculino e o feminino – tarefa que deve ser realizada por todos, seja qual for nosso sexo:

"O bem-aventurado [Jesus] despediu-se dos discípulos, dizendo:
'A Paz esteja convosco! Fazei em vós a minha Paz!
Vigiai para que ninguém vos extravie com estas palavras:
Ei-lo aqui ou ei-lo acolá!
Com efeito, o Filho do Homem está em vós.
Ide em sua companhia (deixai-o viver em vós);
aqueles que o procuram, hão de encontrá-lo.
Ide e proclamai o Evangelho do Reino.
Não forceis a observar outras regras, além daquela
que vos indiquei
(amai-vos uns aos outros como eu vos amei),
e não façais leis como o legislador,
para não serdes obrigados por elas'.

Dizendo isso, Ele foi embora, mas os discípulos ficaram tristes e derramaram muitas lágrimas, dizendo:
'Como será possível proclamar no meio dos pagãos o Evangelho do Reino do Filho do Homem? Se não o pouparam, como hão de nos poupar?'
Então, Maria levantou-se, beijou-os e disse aos irmãos:
'Não choreis, não fiqueis tristes e com dúvidas, porque toda a sua graça estará convosco e vos protegerá. Antes, louvemos sua magnificência por nos ter mantido preparados e por nos ter feito homens!'
Dizendo isso, Maria voltou seus corações para o Bem e eles começaram a comentar as palavras do Salvador.
Pedro disse a Maria: 'Irmã, sabemos que o Salvador te amou mais do que todas as outras mulheres. Dize-nos as palavras do Salvador que te vêm à lembrança, que conheces, mas que não são conhecidas ou não foram escutadas por nós'.
Maria respondeu: 'Eis que vos anunciarei o que está oculto de vós'".

Maria narra, então, que o Cristo lhe apareceu em uma visão e lhe disse: "Feliz és tu por teres permanecido inabalável diante de mim porque onde se encontra o *nous* (o ponto mais profundo de tua alma), aí está o teu tesouro"; em seguida, o Salvador ensinou-lhe a arte da visão ou da gnose que não é uma percepção sensorial, nem psíquica, nem intelectual, mas um estado de abertura do que os místicos hão de chamar, mais tarde, "o ponto mais profundo da alma".

Nessa "Abertura", no fundo do ser, o que há de incriado no homem forma Um com o que há de incriado em Deus (cf. Mestre Eckhart).

Maria termina sua narração dizendo: "O lugar do esquecimento dura apenas um tempo; daqui em diante, alcançarei o repouso da corrida do tempo... a eternidade, em silêncio".

"Dito isso, Maria ficou calada, uma vez que o Salvador, até então, só tinha falado com ela. Mas André tomou a palavra: 'Dizei o que tendes a dizer sobre o que ela disse. No que me concerne, não creio que o Salvador tenha dito isso. Com efeito, essas doutrinas são ideias diferentes'.

Pedro respondeu e falou do mesmo gênero de coisas, perguntando-lhes a respeito do Salvador: 'Será que Ele falou, não abertamente, com uma mulher sem nosso conhecimento? Devemos modificar nossos costumes e escutar esta mulher? Será que Ele a preferiu a nós?'

Então, Maria chorou e disse a Pedro: 'Meu irmão Pedro, o que se passa na tua cabeça? Acreditas que eu tenha inventado isso de mim mesma na minha imaginação ou que eu minta a propósito do Salvador?' Levi respondeu e disse a Pedro: 'Pedro, sempre foste irritadiço. Agora, vejo tua obstinação em relação à mulher como se tratasse de um adversário. Uma vez que o Salvador a julgou digna, nesse caso, quem és tu para rejeitá-la? Com toda a certeza, o Salvador conhece-a muito bem. Eis a razão pela qual Ele a amou mais que nós! De preferência, tenhamos vergonha! e revestidos do Homem Perfeito, partamos como Ele pediu e proclamemos o Evangelho sem procurar estabelecer leis além daquilo que o Senhor disse'."

Reconhece-se, desta forma, no Evangelho de Maria – assim como no Evangelho de Tomé – a dificuldade sentida por Pedro para reconhecer o lugar da mulher; aliás, associada ao reconhecimento do lugar da gnose.

Fazendo eco a este *logion* 114, Levi convida-nos a revestirmos o Homem Perfeito, independentemente de nosso sexo; temos de nos deixar inspirar pelo Sopro do Vivente que nos conduz para a Plenitude e para a integração do masculino com o feminino.

É talvez, também nesse sentido, que deveríamos interpretar as palavras de Jesus, no Evangelho de Mateus: "Nem todos são capazes de entender isso, mas somente aqueles a quem foi dado:

Com efeito, há os eunucos que assim nasceram do ventre da mãe; há os eunucos que assim foram feitos pela ação dos homens; e há os eunucos que assim se fizeram por amor do Reino dos Céus" (Mt 19,11-12).

Pensando que aquele que dizia formar Um com a inteligência criadora não poderia pedir a amputação ou castração das criaturas, a Tradição gnóstica pensa que, no lugar da palavra "eunuco", Jesus teria dito a palavra "andrógino", mas que este termo – aliás, como muitos outros – teria sido malcompreendido, em um sentido demasiado material que levaria à produção de "monstros" no sentido biológico do termo que não seriam "nem homens, nem mulheres", mas uma curiosa mistura dos dois sexos.

Enquanto a palavra "andrógino" deve ser tomada em um sentido espiritual de integração de nossas polaridades masculinas e femininas, a fim de nos tornarmos "inteiros", conhecermos a "Totalidade" do que somos e, assim, nos tornarmos capazes de amar, não a partir de nossa carência, mas a partir de nossa plenitude "como o próprio Cristo nos amou".

No entanto, como diz o Evangelho: "Quem puder entender que entenda!"

Para "poder entender", sem dúvida, será necessário, como nos dizia o primeiro *logion* do Evangelho de Tomé, "pôr-nos a caminho" e verificar na nossa carne, no nosso coração e no nosso espírito, se as informações comunicadas por Jesus, o Vivente, são realmente criadoras do Homem Novo: "à imagem e semelhança do Filho Eterno"!

Mas se, em cada dia, essas palavras não nos tornarem um pouco mais inteligentes, um pouco mais amantes, um pouco mais vivos – que sejam esquecidas e que o Espírito nos inspire palavras mais alegres e mais fortes!

REFERÊNCIAS

Considerando os limites desta obra, limitamo-nos a citar as referências acessíveis em língua francesa. Para a bibliografia alemã e inglesa, cf. D.M. Scholler, *Nag-Hammadi bibliography*, Leyde, 1971.

CERFAUX, L. "Les paraboles du royaume dans l'Évangile de Thomas". *Museon* 70 (1957) [em colaboração com G. Garitte].

CHIRAT, H. "A propos de quelques ouvrages récents touchant l'ancienne littérature chrétienne". *Rev. Sc. Rel.* 36 (1962), p. 85.

CORNELIS, E.-M. "Quelques éléments pour une comparaison entre l'Évangile de Thomas et la Notice d'Hippolyte sur les Naassènes". *VC* 15 (1961), p. 83-104.

DORESSE, J. *L'Évangile selon Thomas ou les Paroles de Jésus*. Paris: [s.e.], 1954.

DUPONT, J. *Gnosis. La connaissance religieuse dans les Épîtres de saint Paul*. Louvain: [s.e.], 1949.

FAYE, E. de. *Gnostiques et Gnosticisme*. Paris: [s.e.], 1925.

GARITTE, G. "Les 'logoi' d'Oxyrhynque et l'apocryphe copte dit 'Évangile de Thomas'". *Museon* 73 (1960), p. 151-172; "Les 'logoi' d'Oxyrhynque sont traduits du copte". *Museon* 73 (1960), p. 335-349.

GILLABERT, E. *Évangile selon Thomas* (com a colaboração de Pierre Bourgeois e de Yves Naas). *Métanoia* 1979; *Jésus et la Gnose*. [s.l.]: Dervy Livres, 1981; *Le Procès de Jésus à la lumière de la Gnose*. [s.l.]: Dervy Livres, 1986.

GUILLAUMONT, A. "Les logia d'Oxyrhynque sont-ils traduits du copte?". *Museon* 73 (1960), p. 325-333; "Sémitismes dans les logia de Jésus retrouvés à Nag-Hammadi". *J.A.* 246 (1958), p. 113-123.

GUILLAUMONT, A. ; PUECH, H.-Ch. ; TILL, W. & ADD-AL-MA-SIH (Yassah). *L'Évangile selon Thomas*. Paris: [s.e.], 1959.

HARL, M. "A propos des logia de Jésus: le sens du mot monachos". *Reg.* 73 (1960), p. 464-474.

KASSER, R. *L'Évangile selon Thomas* – Rétroversion et théologie. Neuchâtel: [s.e.], 1961; "L'Apocalypse d'Adam" (versão francesa e comentários). *Revue de Philosophie et de Théologie* (1967); "L'Hypostase des archontes" (versão francesa e comentários). *Revue de Philosophie et de Théologie* (1972).

LEISEGANG, *La Gnose* [s.l.]: Payot, 1951 [tradução francesa de Jean Gouillard].

MÉNARD, J.-E. "Das Evangelium nach Philippus und der Gnostizismus". *Christentum und Gnosis* (BZNW, 37). Berlim, 1969, p. 46-58;

"Die Erkenntnis im Evangelium der Wahrheit". *Christentum und Gnosis* (BZNW, 37). Berlim, 1969, p. 59-64;

"La 'Connaissance' dans l'Évangile de Vérité". *Rev. Sc. Rel.* 41 (1967), p. 1-28;

"La Sagesse et le logion 3 de l'Évangile selon Thomas". *Studio Patrística*, X (*TU*, 107). Berlim, 1970, p. 137-140;

"Le 'Chant de la Perle'". *Rev. Sc. Rel.* 42 (1968), p. 289-325;

L'Évangile de Vérité "retroversão grega e comentários". Paris: [s.e.], 1962;

L'Évangile de Vérité (*Nag-Hammadi Studies*, 2). Leyde: [s.e.], 1972;

L'Évangile selon Philippe (introdução, texto, tradução francesa, comentários). Paris: [s.e.], 1967;

"L'Évangile selon Philippe et la gnose". *Rev. Sc. Rel.* 41 (1967), p. 305-317;

"L'Évangile selon Thomas et le Nouveau Testament". *SMR* 9 (1966), p. 147-153;

"Le Mythe de Dionysos Zagreus chez Philon". *Rev. Sc. Rel.* 42 (1968), p. 339-345;

"Les Élucubrations de l'Évangile de Vérité sur le 'Nom'". *SMR* 5 (1962), p. 185-214;

"Les Problèmes de l'Évangile selon Thomas". *Essays on the Nag-Hammadi texts in Honour of A. Boehlig* (*Nag-Hammadi Texts*, 3). Leyde: [s.e.], 1972, p. 59-73;

"L'Interprétation patristique de Jn VII, 38". *RUO* 25 (1955), p. 5*-25*;

Coletânea de G. Quispel, "Makarius, das Thomasevangelium und das Lied von der Perle". *Rev. Sc. Rel.* 42 (1968), p. 358-361; *Syrische Einflüsse auf die Evangelien nach Thomas und Philippus*, XVII. Deutscher.

MONDESERT, C. *Clément d'Alexandrie* – Protreptique (*S-C*, 2). Paris: [s.e.], 1941.

NOCK, A.-D. & FESTUGIÈRE, A.-J. *Corpus hermeticum*, I, IV. Paris: [s.e.], 1954/1960.

PRIGENT, P. "Ce que l'oeil n'a pas vu, 1Cor 29". *TZ* 14 (1958), p. 416-429.

PUECH, H.-Ch. "Doctrines ésotériques et thèmes gnostiques dans l'Évangile selon Thomas". *Annuaire du Collège de France*, 62° ano (1962-1963), p. 195-203; 63° ano (1963-1964), p. 199-213; 64° ano (1964-1965), p. 209-217; 65° ano (1965-1966), p. 247-256; 66° ano (1966-1967), p. 259-262; 67° ano (1967-1968), p. 253-260; 68° ano (1968-1969), p. 285-297; 69° ano (1969-1970), p. 269-283;

"Explications de l'Évangile selon Thomas et recherches sur les paroles de Jésus qui y sont réunies". *Annuaire du Collège de France*, 58° ano (1958-1959), p. 233-239; 59° ano (1959-1960), p. 255-264; 60° ano (1960-1961), p. 181; 61° ano (1961-1962), p. 175-181;

"Gnostische Evangelien und verwandte Dokumente". *Neutestamentliche Apokryphen*, I³. Tübingen: [s.e.], 1959, p. 158-271;

Le Manichéisme. Son fondateur. Sa doctrine (*Bibliothèque de diffusion*, 56). Paris: [s.e.], 1949;

"Une collection des paroles de Jésus récemment retrouvée: L'Évangile selon Thomas". *Comptes Rendus de l'Académie des Inscriptions et Belles-Lettres*, sessão de 24 de maio de 1957, p. 146-166;

En quête de gnose. [s.l.]: Gallimard [Coletânea de artigos].

QUISPEL, G. "Das Hebräerevangelium im gnostischen Evangelium nach Maria". *VC* 11 (1957), p. 139-144;

"Das Lied von der Perle". *Eranos Jahrbuch* 34 (1966), p. 9-23;

"Das Thomasevangelium und das Alte Testament". *Neo-testamentica: Eine Freundesgabe Herrn Professor Dr. Oscar Cullmann zu seinem 60. Geburtstag überreicht* (*Supplements to Novum Testamentum*, 6). Leyde: [s.e.], 1962, p. 243-248;

"Der Heliand und das Thomasevangelium". *VC* 16 (1962), p. 121-151;

"Gnosticism and the New Testament". *The Bible in Modern Scholarship*: Papers Read at the 100th Meeting of the Society of Biblical Literature, 28-30 de dezembro de 1964. Nashville/Nova York: [s.e.], 1965, p. 250-271;

"L'Évangile selon Thomas et le Diatessaron". *VC* 13 (1959), p. 87-117;

"L'Évangile selon Thomas et les Clémentines". *VC* 12 (1958), p. 181-196;

"L'Évangile selon Thomas et les origines de l'ascèse chrétienne". *Aspects du judéo-christianisme*. Colóquio de Estrasburgo, 23-25 de abril de 1964 (Bibliothèque des Centres d'Études supérieurs spécialisés). Paris: [s.e.], 1965, p. 35-51;

"L'Évangile selon Thomas et le 'texte occidental' du Nouveau Testament". *VC* 14 (1960), p. 204-215;

Makarius, das Thomasevangelium und das Lied von der Perle (*Supplements to Novum Testamentum*, 15). Leyde: [s.e.], 1967;

"Makarius und das Lied von der Perle".U. Blanchi, *Le origini dello gnosticismo* (Colóquio de Messina, 13-18 de abril de 1966, textos e discussões [*Supplements toNumen*, 12]). Leyde: [s.e.], 1967, p. 625-644;

"Neugefundene Worte Jesu". *Universitas* 13 (1958), p. 359-366;

"Ptolémée. Lettre à Flora". *SC* 24. Paris: [s.e.], 1949 (nova ed., 1966);

"Some Remarks on the Gospel of Thomas". *NTS* 5 (1958/1959), p. 276-290;

"Tatianus Latinus of het Evangelie van Thomas in Limburg". *Handelingen van het XXVI Vlaams Filologencongres.* Gand. 29-31 de março de 1967, p. 147-156;

"The Diatessaron and the Historical Jesus". *SMSR*, 38, (*Pincherle Festschrift*, 1967), p. 463-472;

"The Discussion of Judaic Christianity". *VC* 22 (1968), p. 81-93;

"The Gospel According to Thomas". *The Listener* e *B.B.C. Television Review* 63 (1960), p. 389-390;

"The 'Gospel of Thomas' and the 'Gospel of the Hebrews'". *NTS* 12 (1965-1966), p. 371-382;

"The Gospel of Thomas and the New Testament". *VC* 11 (1957), p. 189-207;

"The Syrian Thomas and the Syrian Macarius". *VC* 18 (1964), p. 226-235.

A biblioteca de Nag-Hammadi foi traduzida em inglês (500 páginas): *The Nag-Hammadi Library*, James M. Robinson editor geral, Harper and Row Publishers, 1977.

Uma edição francesa integral está em curso na Universidade de Laval sob a direção de J.-E. Ménard da Universidade das Ciências Humanas de Estrasburgo, com a colaboração de diversos pesquisadores francófonos.

A lista, a numeração e as siglas correspondem à edição inglesa de J.M. Robinson. Ambos os trabalhos foram empreendidos a partir das pranchas fotográficas do papiro do Cairo, editadas sob os auspícios da Unesco por E.J. Brill em Leyde.

Nessa coleção, já foram publicados os seguintes volumes:

– *La Lettre de Pierre à Philippe*, J.-E. MÉNARD, 1977;

– *L'Authentikos Logos*, J.-E. MÉNARD, 1977;

– *Hermes en Haute-Égypte*, J.-P. MAHÉ, 1978;

– *La Protennoia trimorphe*, Y. JANSSENS, 1978;

– *L'Hypostase des arcontes*, B. BARC, 1980;

– *Le Deuxième Traité du grand Seth*, L. PAINCHAUD, 1982;

– *Hermes en Haute-Egypte*, t. II, J.-P. MAHÉ, 1982.

Cf., igualmente, a *Pistis Sophia*, tradução francesa de E. Amelineau, Éd. Arche, Milão, 1975; *Écrits gnostiques*, *Codex de Berlin*, Éd. du Cerf, 1984 ("Évangile selon Marie", "Le Livre des secrets de Jean", "La Sagesse de Jésus et Eugnoste", "L'Acte de Pierre").

Conecte-se conosco:

 facebook.com/editoravozes

 @editoravozes

 @editora_vozes

 youtube.com/editoravozes

 +55 24 2233-9033

www.vozes.com.br

Conheça nossas lojas:

www.livrariavozes.com.br

Belo Horizonte – Brasília – Campinas – Cuiabá – Curitiba
Fortaleza – Juiz de Fora – Petrópolis – Recife – São Paulo

  Vozes de Bolso

EDITORA VOZES LTDA.
Rua Frei Luís, 100 – Centro – Cep 25689-900 – Petrópolis, RJ
Tel.: (24) 2233-9000 – E-mail: vendas@vozes.com.br